天台山易筋经

天台山易筋经

总主编 陈广胜

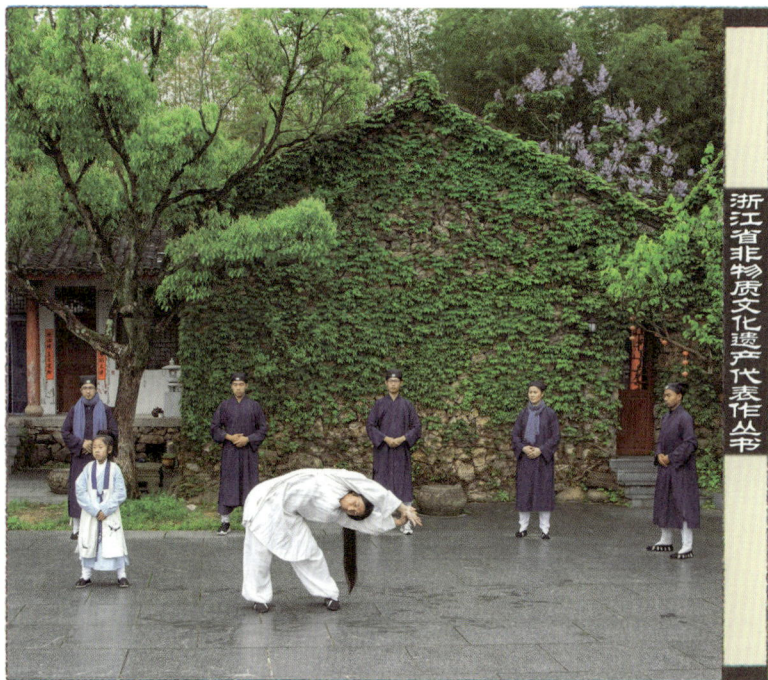

浙江省非物质文化遗产代表作丛书

牟玄 魏嗣箘
胡嗣古 刘德会 编著

浙江古籍出版社

前 言

浙江省文化广电和旅游厅党组书记、厅长 陈广胜

中华文明在五千多年的历史长河里创造了辉煌灿烂的文化成就。多彩非遗薪火相传，是中华文明连续性、创新性、统一性、包容性、和平性的生动见证，是中华民族血脉相连、命运与共、绵延繁盛的活态展示。

浙江历史悠久、文明昌盛，勤劳智慧的人民在这块热土创造、积淀和传承了大量的非物质文化遗产。昆曲、越剧、中国蚕桑丝织技艺、龙泉青瓷烧制技艺、海宁皮影戏等，这些具有鲜明浙江辨识度的传统文化元素，是中华文明的无价瑰宝，历经世代心口相传、赓续至今，展现着独特的魅力，是新时代传承发展优秀传统文化的源头活水，为延续历史文脉、坚定文化自信发挥了重要作用。

守护非遗，使之薪火相续、永葆活力，是时代赋予我们的文化使命。在全省非遗保护工作者的共同努力下，浙江先后有五批共 241 个项目列入国家级非遗代表性项目名录，位居全国第一。如何挖掘和释放非遗中蕴藏的文化魅力、精神力量，让大众了解非遗、热爱非遗，进而增进文化认同、涵养文化自信，在当前显得尤为重要。2007 年以来，我省就启

动《浙江省非物质文化遗产代表作丛书》编纂出版工程，以"一项一册"为目标，全面记录每一项国家级非遗代表性项目的历史渊源、表现形式、艺术特征、传承脉络、典型作品、代表人物和保护现状，全方位展示非遗的文化内核和时代价值。目前，我们已先后出版四批次共 217 册丛书，为研究、传播、利用非遗提供了丰富详实的第一手文献资料，这是浙江又一重大文化研究成果，尤其是非物质文化遗产的集大成之作。

历时两年精心编纂，第五批丛书结集出版了。这套丛书系统记录了浙江 24 个国家级非遗代表性项目，其中不乏粗犷高亢的嵊泗渔歌，巧手妙构的象山竹根雕、温州发绣，修身健体的天台山易筋经，曲韵朴实的湖州三跳，匠心精制的邵永丰麻饼制作技艺、畲族彩带编织技艺，制剂惠民的桐君传统中药文化、朱丹溪中医药文化，还有感恩祈福的半山立夏习俗、梅源芒种开犁节等等，这些非遗项目贴近百姓、融入生活、接轨时代，成为传承弘扬优秀传统文化的重要力量。

在深入学习贯彻习近平文化思想、积极探索中华民族现代文明的当下，浙江的非遗保护工作，正在守正创新中勇毅前行。相信这套丛书能让更多读者遇见非遗中的中华美学和东方智慧，进一步激发广大群众热爱优秀传统文化的热情，增强保护文化遗产的自觉性，营造全社会关注、保护和传承文化遗产的良好氛围，不断推动非遗创造性转化、创新性发展，为建设高水平文化强省、打造新时代文化高地作出积极贡献。

目录

《易》曰：形而上者谓之道，形而下者谓之器。形而上者天道之律法，形而下者天道之化裁。天台山易筋经功法简单，老少咸宜，究其内修外化理法，实属上古有道者，教下把握性命之大道。其精髓与《灵素》开脉运气契合，相应于《南华》缘督秘义，与紫阳《悟真》性命兼修同真，总属《道德》归根大旨。自古天台山中三教修行之人莫不悉心研修勤行，时有所得，日久弥精，脱胎换骨，超凡入圣，代有人出。《易经·说卦》曰："穷理、尽性，以至于命。"是人类应当追求的生活方式。"观天之道，执天之行，尽矣。"明天理尊道而行，尽矣！

　　《易筋经》经考证为明代天台山道人宗衡所著。究其技法，大意实为紫阳真人性命兼修至道玄旨之一端。易筋经国家级非物质文化遗产申办成功，落户天台，实至名归。古云：上至天子下至庶民一是皆以修身为本。修身齐家治国平天下。修身乃华夏人文根本。《坐忘论》言修身之术："至圣得之于古，妙法传之于今。循名究理，全然有实。上士纯信，克己勤行，虚心谷神，唯道来集。道有深力，徐易形神。形随道通，与神合一，谓之神人。"历经数千年发展，天台山《易筋经》乃修身集大成者，是道门千古不传之秘。如今盛世修典，重新收集整理并刊行《天台山易筋经》，乃国之善举，道之妙器，民之幸事。

《易筋经》之易，是容易、简易，也是变易之意。即：通过简易的常态化技法，很自然很容易地改变改善身体的脏腑筋骨和气脉运行，层级升迁，从而强身健体。易简而不繁，简约而功多，即是精勤者所独钟，亦为广大民众所深喜。

古云：上士闻道，勤而行之。勤修者皆身强体健，唯愿有缘诸君，日日修持，久之必能自有体会，养生健生，此效不虚。

中国道教协会副会长 天台山桐柏宫方丈　张高澄

一、天台山易筋经概述

天台山易筋经源远流长，明显为道家功法，历来在南宗祖庭桐柏宫秘传心授，自明代紫凝道人方始著书传世。近现代传承谱系清晰，主要传人有：叶宗斌、伍诚鼎、李信辉、谢崇根、叶高行、张高澄、王嗣嵩、常嗣勋等。

一、天台山易筋经概述

【壹】天台山易筋经历史源流

中华民族练养、演武传统源远流长，历代先贤传承、习练，不仅为后人留下了诸如行气玉佩、导引图等实物珍宝，也留下了五禽戏、八段锦、易筋经等至今习练不绝的宝贵功法。而这其中影响最大的要属易筋经，从其对武侠小说的影响中便可见一斑。它是《三异笔谈》《客窗闲话》《淞隐漫录》等书中，习之可"神力无敌于天下"的武功，也是旧派武侠小说《近代侠义英雄传》《雍正剑侠图》《七剑十三侠》和新派武侠小说《笑傲江湖》《天龙八部》《鹿鼎记》《七剑下天山》《多情剑客无情剑》等等诸多极具影响力的作品中被列为"天下武学之首"的武学圣典。然而诸书中并非过分夸张，《易筋经》的影响如此之大亦非偶然。它晚出愈精，融汇诸家，兼容并包，确是珍贵无比的功法。在功法多样性、文化内涵等方面亦皆具特色，堪称练养功法之冠上明珠。《易筋经》在流传过程中版本甚多，各具特色，其中天台山《易筋经》渊源有自，秘传不绝，删繁就简，内涵丰富，功效卓著，更是诸家中之翘楚。

　　"易筋经"三字中即颇藏深意，尝试分别论之。"易"一般理解为改变、变换的意思。但它在中国不仅是一个单字，还是一个广为人知的书名，乃是儒家群经之首，足见此字分量。对此字汉儒有三义之说，以为一"易"字蕴含了简易（简单）、变易（变化）、不易（不变）三重意味。而三义用来概括、阐发《易筋经》功法特色也是十分恰当。"筋"柔韧有弹性，连接着骨肉关节，为身体运动的重要枢纽。俗语说"筋长一寸，寿延十年"，不仅点明了筋有较强的变化延展性，同时揭示了它与人体运动机能和寿命健康的重要关系。医经《灵枢》专列《经筋》一篇，也足见筋的重要性。"易筋经"在未习练之前，即由名字直接标明了功法作用于"筋"这一重要对象，标示出了其不同于一般吐纳导引术的重要特色，更凸显出其含义深刻又简洁易懂的特点。"经"指经典，与表示横向的"纬"相对而表纵向，含有穿越时空不可移易的意味，冠"经"字以彰显此功法之重要地位。

　　《易筋经》自诞生以来，社会影响极大，对其作者的讨论也历代不绝，十分热烈。其作者目前主要有两种看法影响较广：其一为禅宗祖师天竺僧人达摩；其二为紫凝道人。

　　作者为达摩之说，源自《易筋经》之李靖序，目前可见之诸

《易筋经》传本绝大多数有署名唐代李靖的序文，其文如下[1]：

后魏孝明帝太和年间，达摩大师自梁适魏，面壁于少林寺。一日，谓其徒众曰："盍各言所知，将以占乃诣？"众因各陈其进修。师曰："某得吾皮，某得吾肉，某得吾骨。"惟于慧可曰"尔得吾髓"云云。后人漫解之，以为入道之浅深耳。盖不知其实有所指，非漫语也。

迫九年功毕，示化，葬熊耳山脚，乃遗只履而去。后面壁处碑砌坏于风雨，少林僧修葺之，得一铁函，无封锁，有际会，百计不能开。一僧悟曰"此必胶之固也，宜以火"，函遂开，乃熔蜡满注而四着故也。得所藏经二帖，一曰"洗髓经"，一曰"易筋经"。《洗髓经》者，谓人之生，感于爱欲，一落有形，悉皆滓秽。欲修佛谛，动障真如，五脏六腑、四肢百骸，必先一一洗涤净尽，纯见清虚，方可进修，入佛智地。不由此经，进修无基，无有是处。读至此，然后知向者所谓"得髓者"，非譬喻也。"易筋"者，谓髓骨之外、皮肉之内，莫非筋连络，周身通行血气。凡属后天，皆其提挈，借假修真，非所赞襄，立见颓靡。视作泛常，曷臻极至？舍是不为，进修不力，无有是处。读至此，然后知所谓皮、肉、骨者，非譬喻，亦非

---

[1] 序文出自清道光来章氏辑本，与国家图书馆所藏西谛本《易筋经义》基本相同。所不同者，西谛本文首题"唐李靖药师"，文末题"贞观二载春三月三日"。

漫语也。

《洗髓经》帙归于慧可，附衣钵，共作秘传，后世罕见。惟《易筋经》留镇少林，以永师德。第其经字皆天竺文，少林诸僧不能遍译。间亦译得十之一二，复无至人口传密秘，遂各逞己意，演而习之，竞趋旁径，落于技艺，遂失作佛真正法门。至今少林僧众谨（仅）以角艺擅场，是得此经之一斑也。众中一僧，具超绝识，念惟达摩大师既留圣经，岂惟小技？今不能译，当有译者。乃怀经远访，遍历山岳。一日抵蜀，登峨嵋山，得悟（晤）西竺圣僧般剌密谛，言及此经，并陈来意。圣僧曰："佛祖心传，基先于此。然而经文不可译，佛语渊奥也。经义可译，通凡达圣也。"乃一一指陈，详译其义，且止僧于山，提挈进修，百日而凝固，再百日而充周，再百日而畅达，得所谓金刚坚固地。驯此入佛智地，洵为有基筋（助）矣。僧志坚精，不落世务，乃随圣僧化行海岳，不知所之。

徐鸿客遇之海外，得其秘谛。既授于虬髯客，虬髯复授于予。尝试之，辄奇验，始信语真不虚。惜乎未得《洗髓》之秘，观游佛境，又惜立志不坚，不能如僧，不落世务。乃仅借六花小技，以勋伐终，中怀愧歉也。

然则此经妙义，世所未闻，谨叙其由，俾知颠末。企望学者，务期作佛，切勿要（效）区区作人间事业也。若各能作佛，

乃不负达摩大师留经之意。若曰勇足以名世，则古之以力闻者多矣，奚足录哉？

时唐贞观二载春三月三日李靖药师甫序

此序文不仅直指《易筋经》作者为达摩，还勾勒出此经自南北朝至唐代的传承脉络，即：达摩留经，少林僧请般剌密谛翻译，徐鸿客于海外得之，授于虬髯客，虬髯客又传李靖。看似言之凿凿，加之功法中有"韦陀"等佛教人物，遂使少林寺僧和不少社会人士至今仍对达摩作《易筋经》之说深信不疑。然而清代学者凌廷堪、周中孚，民国学者徐哲东、唐豪，现代学者龚鹏程等业已从各个角度揭明此序为伪作，不足为据，实为的论。又古代常有托名著述之事，术家尤甚，故达摩作《易筋经》之说实不可信。

作者为紫凝道人之说，1982 年版《中国大百科全书》认为此说出自清代学者凌廷堪，有学者认为此说出自民国学者唐豪。然而凌廷堪在《与程丽仲书》中仅辨《易筋经》李靖、牛皋两序之伪，未提及经文作者。唐豪于 20 世纪 30 年代在《少林武当考》中除辨李、牛两序之伪外，则更进一步据文中术语及内容考证此书为"羽流"所作[1]。虽提到紫凝道人之跋文，却也未说紫凝道人即为经文作者。在其 1958 年《旧中国体育史上附会的达摩》一文

---

[1] 唐豪:《少林武当考·太极拳与内家拳·内家拳》，山西科学技术出版社，2008 年，第 54 页。

中则云"在体操方面附会达摩的，开始于明朝天启四年（1624）天台紫凝道人伪造的一部《易筋经》"[1]，则直指作者为紫凝道人。近来不信达摩所作者，不少未检凌廷堪原文，即沿用《中国大百科全书》（1982年版）之说，以为凌廷堪证得作者为紫凝道人，遂指紫凝道人为经文作者，其说渐行于世，而不知此说肇始者乃民国学者唐豪。

《易筋经》传抄版本众多，"紫凝道人"并未出现在所有传本中。依周伟良考证提及紫凝道人的资料目前主要有四份："一为国家图书馆古籍部所藏、原由郑振铎先生捐献的明抄本《易筋经义》，另一为台湾图书馆藏述古堂钱遵王抄本《易筋经》，还有是嘉道学者周中孚的《郑堂读书记》，但三份资料都未注明'紫凝道人'为何时、何地人。"第四份是1917年上海大声图书局出版的《少林拳术精义》收录的杂糅本《易筋经》，其中收有明天启四年署名天台山紫凝道人宗衡的跋文[2]。周先生文中少提了其他几份涉及紫凝道人的资料：藏于国家图书馆题"雍正八年岁次戊戌嘉平月泽园高鸣谨识"的抄本，山东海源阁本、上海华芝轩抄本、上海剩馥居抄本。以上几种版本皆出现"紫凝道人曰"文句，但在书中位

---

[1] 唐豪：《旧中国体育史上附会的达摩》，《中国体育史参考资料（第四辑）》，人民体育出版社，1958年，第24页。

[2] 周伟良：《易筋经四珍本校释》，人民体育出版社，2011年，第7—8页。

置和长短略有不同 。浙江图书馆藏光绪十年《易筋经义》刻本，长春中医药大学藏光绪十五年《易筋经义》刻本，此两种均有"紫凝道人"跋文，且跋文后题"时天启四年岁次以甲子三月天台紫凝道人宗衡跋"。另外，浙江图书馆藏有一份清抄本《易筋经》中，"内壮论"条下有"紫阳道人曰"一段文字，其内容与海源阁、华芝轩、剩馥居本略同。其中海源阁本内容、位置与浙图抄本皆同，但文字作"紫凝道人曰"。华芝轩本内容同浙图抄本，位置在"总论"之下。剩馥居本书后有"紫凝道人跋"，内容为"紫阳道人曰"之前三分之一。可见浙图抄本之"紫阳道人"极可能为"紫凝道人"之误。诸传本中"紫凝道人"两段文字如下：

<h3 style="text-align:center">其一[1]</h3>

紫阳道人曰：余读《易筋经》，为之三复其义。见其中之德性功业一以贯之，未尝不掩卷而叹曰："大哉，斯经之所蕴乎！真仙佛两事之宝筏也。"然古今之求道者甚众，而入于道者累世不一见。非道之不可仰企也，是由渡水而不知津，登山而不知径，欲以臻彼岸、跻绝顶也难矣。故佛家以智慧为入门，即老氏亦曰"知止则泰定"。总言之，欲奏其效，必先洞明其行功之法也。使不明其法，则于行功之条目、次第，茫然莫辨。

---

[1] 此段文字出自浙江省图书馆藏清抄本。

如功之宜行于前者，或昧昧焉行之于后；功之宜施于后者，或贸贸焉施之于前矣。夫后焉而前，则有躐等而进之敝；前焉而后，则有舍本之虞。譬夫之越而北其辕，愈行而愈远矣。又何怪夫入道者之难，而累世不获哉？

是经于天时之寒暑，必参而稽其候；于日月之盈虚，必察而著其光。虑夫器之长短、广狭、轻重、尖圆难中节也，必为之定其规制。虑夫材有高下，用有利弊，恐取之者失其美也，为之精其选核。又虑夫药之等分有定数，洗炼有定法，恐人之失其制，未必调且匀也。其所以列方而示之以准则者，纤毫更有所必。至于周身之上下、内外、前后、左右，其间之皮膜、筋骨、血气、筋络之类，则又有难喻而鲜不紊其条理者，更无不有以尽悉其功力之浅深、次第，使人开卷一览，较若列眉，了如指掌。循其序而求之，可以平步圣域，而绰绰然有余裕焉。

由是而气盈力健，骨劲膜坚，以文武神圣之奇男子，作掀天揭地之大事业，可唾手而得之。非所云性功德业一以贯之者乎？继此功愈醇而效愈进，则入水不濡，入火不爇，天不能为之灾，地不能为之害，寒暑不能为之贼，可以命自我立，与天无极矣。古所谓赤须白鬓、圆觉大雄，与夫餐霞饮露、御风而行、逐气而飞、逍遥乎云霄之上，陶然而无不自得者，微斯人吾谁与归哉！始悟师言"基此作佛，成仙了道"之语为不诬。

后之君子，诚不以余言为缪，于是经真信而笃好之，有以服其全功、收其全效，斯不负圣圣相传，引人入道之意，余更不能无厚幸焉耳。

其二 [1]

紫凝道人曰：余读《易筋经义》，因悟世之缁黄两家，学者多如牛尾，成者稀如麟角，非道之难得，实因缺此一段工夫，内无基本耳。既无承受之地，又无勇往之力，或作或辍，或中道而返，或既得而失，或优柔不断，皆职此故也。如禅定则有入魔之虞，宗门则有迷而不悟之虞，金丹则有得而复失之虞，清净则有几成而败之虞，泥水则有进鼎之虞，导引则有倦废之虞，服食则有燥渴之虞，是皆无此工夫，非受道器也。引而伸之，即耕与读若有此功，富贵圣贤基之可得；治兵治民若有此功，上考殊勋基之可得。微至负贩经营能行此功，亦能任重致远；下至丐夫牧竖能行此功，亦不迫于饥寒。而况病者得之即安，怯者得之则强，外侮闻之慑，乏嗣行之延，老者得之康，壮而寿少者得之纯粹而精。是举天地间，人人宜用之功也。由是知达摩师所云"基此作佛"之语，岂不信然哉！

此法不炼不成，一炼即成，小炼小成，大炼大成，久炼久

[1] 此段文字出西谛本《易筋经义》。

成，尤无退败。吾不知人世间复有何利益，足以加此？复有何妙义，足以加此也？是在知之而好之，而乐之，以求至于其极，斯不负所知，斯不负古人留辞援引之意耳。或问行功之要，曰智、仁、勇。不达，又问，曰信、专、恒，如是而已。

此两段文字皆提到紫凝道人读《易筋经》或《易筋经义》，显然紫凝道人不太可能是此经的作者，但魏燕利通过对比李靖、牛皋两序及紫凝道人之跋文，认为其中相似语句颇多，此经当为紫凝道人所作[1]，亦可参考。关于紫凝道人之时代，浙江图书馆藏光绪十年刻本及长春中医药大学藏光绪十五年刻本均出现了"时天启四年岁次以甲子三月天台紫凝道人宗衡跋"字样，有学者直以天启四年为紫凝道人著书时间，也有学者认为光绪前版本皆不记紫凝道人时间、地点、名字，此后出版本却忽然补全，显系作伪。其实，《易筋经》目前可见最早抄本当为中国中医科学院藏《养生两种》本，该书成书于明天启四年（1624），故《易筋经》成书当不晚于天启四年。《养生两种》作者在天启四年抄写《易筋经》，笔者未见抄写月份，不能确定紫凝道人是否即为其作者，但既然龚居中在天启四年看到了《易筋经》，紫凝道人在天启四年也有可能看到《易筋经》。且依周伟良考证《易筋经》之早期版本西谛本

---

[1] 魏燕利：《〈易筋经〉作者"紫凝道人说"新探》，《上海师范大学学报（哲学社会科学版）》，2016 年第 5 期。

和述古堂本可能都为明末清初抄本，而两者皆载有紫凝道人跋，则紫凝道人生活时代当不晚于明末清初述古堂钱遵王，其活跃于天启年间亦并非不可能。至于地点问题，天台山确实有紫凝峰，陆羽《茶经》记天台山紫凝瀑布水为天下第十七水，可见紫凝名称之久远。且紫凝之名，检历史地名及今之地名，皆无重名。天台山佛、道渊源甚久，曾有"千僧万道"的规模，又是道教南宗祖庭，加题天台亦不是毫无根据。若时间、地点推论成立，则《易筋经》至迟在明朝末年已经在天台山出现。

《易筋经》之作者不是达摩。唐豪在《少林武当考》中，据其内容定其作者为羽流，则十分可能。又《易筋经》之早期抄本及刻本，多出现在江浙一带，则确有可能是江浙一带羽士所著。又据盛克琦考证其内容与张紫阳为代表的南宗丹法有很多相似性[1]，且天台山为道教南宗祖庭，故其作者极可能就是天台山道教南宗羽士。而紫凝道人作为天台山易筋经"紫凝八式"创制人的说法，也一直在南宗羽士中口口相传。

天台山位于浙江东部的台州，台州为武术之乡，明代抗倭名将戚继光，曾在台州抗倭期间写下兵书《纪效新书》，总结了明代所流行的各种拳法。台州境内天台山为道教洞天福地，历代高道

[1] 盛克琦:《〈易筋经〉版本和丹道思想的研究》，《东方哲学与文化》，2022 年第 1 期。

辈出，葛玄、司马承祯、李白、徐灵府、冯惟良、叶藏质、张无梦等皆曾修真于天台山。天台山还是道教南宗祖庭桐柏宫所在地。道教南宗为宋紫阳真人张伯端所创，其修持功法强调"先命后性，性命双修"，注重动功和静功同时修炼。而易筋经的基本功法正和南宗修持法相同。

天台山也是佛教天台宗发祥地，天台宗第三祖慧思曾学习道教神仙方术，他在《立誓愿文》中说："借外丹为修内丹。"故天台宗的修炼方法里有意守丹田六字诀等道家功夫，其中"六字诀气法"后传入少林列入"少林七十二艺"。

桐柏宫南望可见天台紫凝山，紫凝山重峦叠嶂，秀岩怪石，幽谷奇洞，云雾缭绕，神奇秀丽，相传为紫凝道人的习武著书之地。紫凝道人正是在天台深厚的道、释、武文化培植下，将道教南宗修炼和中华武功融合于一体，写下《易筋经》一书，《易筋经》集中华武术气功之大成，提出了"内练精气神，外练筋骨皮"的"内壮外强、内坚外勇"统一论，形成了较为完整的武术功法体系，奠定了中华武术功法的基础。

《易筋经》序中言易筋经为少林达摩所传，前文中已经提到武术史学家唐豪曾对《易筋经》做了详细考证，并在《少林武当考》中指出："此书疑是羽流所作，托名达摩以售其欺者耳。"另据周中孚的《郑堂读书记》、康戈武的《中国武术实用大全》、周明和

周稔丰的《易筋洗髓经（修订本）》以及《中国大百科书·体育卷》等书考证，均认为《易筋经》系明天启四年（1624）天台紫凝道人托名达摩所作。

根据考证，目前出现最早的《易筋经》版本是道光年间的来

章氏《少林易筋经》，其中有紫凝道人的《易筋经义》跋语，称此书传于"缁黄两家"，并历数"禅家""宗门""金丹""清净""泥水"诸术语，显系明人手笔。而"易筋"之名又明显出自道家文献，并非佛家所创的语汇。宋代张君房所撰的道教类书《云笈七

浙江道教学院学员在天台山桐柏宫练习易筋经

签·延陵君修真大略》中已有"易髓""易筋"的说法。更早的还有魏晋时期《汉武帝内传》中已有"一年易气，二年易血，三年易精，四年易脉，五年易髓，六年易骨，七年易筋，八年易发，九年易形"的记载，所以"易筋"原属道家思想，因此可以断定《易筋经》为天台紫凝道人托名达摩所作。国家体育总局易筋经健身气功课题组经多年研究也否定了《易筋经》源自达摩的说法。

另从功理功法上看，以最近少林寺出的《易筋经》版本为例。里面内容虽经僧人改编，但仍然有大量的道家的名词和术语。里面的功法也多为道家，如元精元气元神辩、练元丹说等章。不仅写有魏伯阳、张伯端等道教内丹家的名字和功法，甚至有飞升而仙的说法。里面动功功法多来源于道家导引养生术，静功功法的练精化气、练气化神、练神还虚的功夫则完全为道家南宗的丹法，《易筋经》三教参悟说里阐述三教同源的思想也为道教南宗张伯端祖师所提倡。可见易筋经功法传到少林寺后，僧侣们对《易筋经》进行了一些改造，但仍然是以道家功法为主体。

易筋经为道家功法却以佛教少林之名弘扬于世，这种内道外佛的传播的方式是中华道家特殊的传播方式，是道佛融合的典范。

【贰】天台山易筋经主要传承人及传承谱系

天台山易筋经自编创以来，作为内丹修炼中的一个环节，一直在天台山桐柏宫道众师徒间秘密传承，虽功效显著，但不显于世。自清末叶宗滨大师以后，渐闻于世。下附主要传承人小传：

叶宗滨　生于清德宗光绪二十二年（1896），温岭人。5岁，父母双亡。8岁，外出流浪。同年，乞讨至温岭羊角洞，被该洞道长收留为道童。民国十一年（1922）6月，27岁的叶宗滨道长为《名山记》所吸引，与伍止渊、朱宗涛等相约上桐柏山朝拜祖庭。年迈的桐柏观住持叶明仓与陈至贤两位道长正疲于观务，见他们一行来到，都喜出望外，将他们留下来维持祖庭香火。他们则有感于千年祖庭今昔悬殊，身为道徒不忍漠然拂袖而去，也有意留下同振宗风。七月半，叶明仓、陈至贤告盟师真，将观务委与叶、伍、朱共同负责。未几，伍、朱辞归，观务重任由叶宗滨道长独力支承。叶宗滨道长在其师太王明峤道长的鼓励下，在其师父林至味大师全力资助下，不畏艰难，勉力从事。在负责观务的10年中，仰仗观内同辈齐心合力，共同披荆斩棘，整肃观宇，依靠诸方善信随缘乐助，集腋成裘，鸠工修葺殿宇；又募资建造石桥，拓宽道路；还在桐柏宫东北面无偿划出地皮，在当地民众协助下，建造了一座校舍，创办了一所学校，用以提高当地民众的文化水平。随着殿宇的整修和经济来源的逐步稳定，道众也日渐增加，常住的发展到20余人。抗战爆发，叶宗滨道长专事修炼以强身，钻研医药以济民。叶宗滨于民国三十年（1941）离开桐柏开始云游。后定居于平镇后村小庙中，边修道边耕作，自食其力，逍遥

过日。20 世纪 90 年代，任天台山道教协会名誉会长、紫阳文化研究会顾问。叶宗滨道长一生崇尚自然，性格开朗，曾作《缮性》："予性坦荡，强而无长。千锤百炼，罔识迁回。苦甜共味，听任自然。矫揉造作，不谙习惯。装模作样，更不喜欢。造化至今，惠我无偏。"2002 年 11 月 4 日无疾而逝，享年 107 岁[1]。

伍诚鼎　字止渊，号陵源子，笔名寄庐主人。生于清德宗光绪十三年（1887），黄岩人。民国四年（1915），在宁波佑圣观出家。民国十一年（1922）同叶宗滨上桐柏山朝拜祖庭。民国二十五年（1936），在湖北长春观考戒冠军，被授予"妙道大师"称号。回转桐柏后，被推选为该观监盟。民国三十一年（1942），接替闻理朴为桐柏崇道观方丈。民国三十三年（1944），设坛授戒。1941年，殿宇几度为日寇飞机轰炸，凡像样的房子，被日本侵略者怀疑为抗日部队的住房或重要机关办公地方，都被炸成断垣残壁。藏经阁中原版《道藏》亦被炸毁，道士死伤十数人。伍止渊以非凡的毅力收拾残局，募资修理。又以"施诊治病""传授养生内功""以各地分宫养总宫"等措施，艰难地维护观务和道统。民国三十六年（1947），离开桐柏宫，修炼于黄岩九峰山。伍长于内养功夫，曾静坐 23 天，人称"伍大师"。1930 年，曾在黄岩创

[1] 参考赵子廉:《桐柏仙域志》，中央编译出版社，2012 年，第 210 页。朱封鳌:《天台山道教史》，宗教文化出版社，2012 年，第 148 页。略有修改。

办"追源学社",研究道家仙学,并讲授道家静坐功法,门下弟子甚多。伍道长精通道家内功,并在理论上有所建树,著有《静坐却疾生理学》,阐明"全真导气,真息命蒂"机理,直指"知而不守,勿忘勿助"功诀。在功法上以清静无为、返璞归真为主。涵合南北两宗要旨,晚年仍鹤发童颜,神仙仪态。为人品德端正,清高脱俗,平易近人,虚怀若谷。在道教界,他与著名道教学家陈撄宁和蒋宗翰方丈为师友。1962 年,陈撄宁先生任中国道教协会会长,蒋宗翰方丈任副会长,均住北京白云观,礼请伍大师到北京白云观,主持蒋宗翰方丈兼任北京白云观方丈的隆重升座仪典。伍道长熟谙道门法事仪式,在道教界声誉甚高。1949 年以后,任中国道教协会常务理事,曾参加过天安门国庆观礼。历任黄岩县第四、五、六届人大代表,县政协第一、二、四届委员。1966年 8 月 10 日大师仙逝,遗骨葬九峰魁星岩下。1991 年冬,黄岩市(今台州市黄岩区)九峰人民公园立《伍止渊大师事略》石碑[1]。

李信辉 号静尘,天津人,大学毕业,因失意而"看破红尘"出家,成为龙门派第 25 代传人。民国三十六年(1947),伍止渊离任,桐柏观方丈一职改由到观不久的李信辉继任。他主张儒、道结合。他瘦削颀长,雍容大雅,宽袖长须,风度翩翩,显示出

---

[1] 参考赵子廉:《桐柏仙域志》,中央编译出版社,2012 年,第 211 页。朱封鳌:《天台山道教史》,宗教文化出版社,2012,第 148 页。略有修改。

道骨仙风的气质。1949 年后，地方上百废待兴，人民政府暂时无精力照顾到道士的生活，而且施主、香客也一时绝迹了，因此桐柏观中十来个道士的衣食只能自力更生设法解决。李信辉带头下田躬耕。但因田地狭窄，人多粥薄，难以糊口，他只得凭借自己交友广、德望高的有利因素，外出募捐。有个上海斋主捐资 500 块银元委托修建"善利广济真人祠"，李道长把节支的钱用到维持众道徒的生活上去。1951 年再度去外地募捐后，就留居上海，不时汇款到天台接济道观内的道徒生活。1956 年 11 月，在天津与陈撄宁等一起筹组中国道教协会。1957 年 4 月，中国道教协会成立，李道长当选为第一届理事会理事。李信辉留居外地后，观务由其徒弟叶崇新负责。1958 年，李信辉在上海仙逝后，桐柏观的住持工作改由谢崇根担任[1]。

　　谢崇根　本名希纯，生于清德宗光绪十七年（1891），宁波东乡人。光绪二十七年（1901），当希纯还是一名 11 岁儿童的时候，即皈道于宁波北门佑圣观，拜该观道士葛信善为师，道号崇根，为龙门派第二十六代传人。光绪三十四年（1908），出任佑圣观监院。民国十一年（1922），升任该观住持，兼任宁波市道教协会理事长。他曾三上天台山，拜谒高道，得内丹功法。1954 年，谢道

---

[1] 参考赵子廉：《桐柏仙域志》，北京：中央编译出版社，2012 年，第 212 页，略有修改。

长第四次登上天台山，为桐柏观挂单道士。1958 年李信辉仙逝后，谢崇根接任桐柏观观主。这一年的 6 月 9 日，福溪区各乡群众上山在三井上方开始筑坝建水库。1959 年春开始蓄水，桐柏观遂沉入库底。谢崇根主持将桐柏观内的法物、经卷、石像、碑刻，以及生产、生活用品移至玉泉峰鸣鹤观。1980 年，由桐柏电站拨款修缮大殿和配房，为了节省开支，道士们亲自动手助力，一直修到 1983 年才完工，同时报请有关部门批准，将鸣鹤观改名"桐柏宫"。谢道长潜修六十年，内养功夫深厚，然隐而不露，人莫知之，直到 1980 年始为人发现。1981 年 10 月，赴杭参加三省二市功法交流会时，做过闭息 20 多分钟的表演，惊动观众。会中受聘为浙江气功协会顾问。之后，积极弘扬内养功法，接受络绎而来拜师的门徒。1983 年成立桐柏宫气功研究小组，被举为副组长（县长蒋洪云为组长）。1984 年 7 月，被选为中国人民政治协商会议天台县委员会常务委员。同年 10 月，在桐柏宫羽化，享年 94。遗留宫务，由坤道叶高行主持[1]。

叶高行 本名秋梅，道号炼阴子，笔名一舟。民国三十六年（1947）7 月，出生于浙江省岱山县乍门村。叶道长生性慈善，雏凤之年即歆慕祛病健身的气功，萌生向道之心。及长，学得一

---

[1] 参考赵子廉:《桐柏仙域志》，北京：中央编译出版社，2012 年，第 212 页，略有修改。

手救死扶伤的医疗技术，在家乡博施广济，行善积德。1970 年，受聘于浙江省中医院，用气功和针灸替人治病。一年后初志不改，云游四方访师求道。1978 年来天台，师从道教南宗祖庭桐柏宫住持、龙门派第 26 代传人谢崇根道长，学得南宗延年益寿的真传内功丹法。自此，她也成为全真道龙门派第 27 代传人。她向道之心非常坚定，戒行谨严。刚到天台时，她寄住在龙王堂，学道在桐柏宫，两地相距数十里，天天奔爬于岭高路险的山道上，风雨无阻。1980 年入住桐柏宫，与道友董崇明、柴至一、孙菊青一起，协助住持做好宫务的维持工作。由于法事已经停止，香客早已绝迹，道众的生活基本仰赖县民政部门定下的补助费。于是除了练功外，道众还要上山打柴，垦荒种菜。生活虽然清苦，因大家都怀着一个共同的信念走在一起，过得尚称愉快。尤其朝夕与谢道长在一起，时刻亲聆指点教诲，如鱼得水，自在自励，进步迅速，更使她心悦神怡，学道三年成绩显著。1982 年，被指派到杭州建工医院，让她以气功为人治病。同时令她挤出三分之一时间进一步深究道学。1982 年以后，代表谢道长在杭州道教协会工作。其间继续钻研气功和道学理论。1984 年 9 月谢道长羽化后，她临危受命，回桐柏宫主持观务。为筹措资金整修观宇，她摩顶放踵，日夜奔波，到处去游说。终于在桐柏电站等单位和个人的支持下，将老房子彻底整修了一次，使道众得以安心法事。后又继续多方筹资扩建房舍。88 岁的天台鹤楼乡美籍华人葛怀英慷慨捐资 1.2 万美元，以之造了七间西厢房。她又在宫院东边新建了山门，在宫院周边修筑了院墙。还在院内修整了醴泉井、八角井，新挖了放生池。再筹资重塑元始天尊、王真君、紫阳真人等金身。在她的努力经营下，桐柏宫面貌焕然一新。她恪守道规，洁身自励，整肃宫纪，刚正不阿，为恢复南宗祖庭的优良传统尽心竭力。为了进一步挖掘并发扬祖国传统的道家气功，1986 年她重组了桐柏宫气功研究小组，被推举为该组组长。在她的组织和推动下，几年来该组的气功研究工作成绩卓著。她怜贫敬老，关心群众疾苦，常组织研究会医疗队，到山村为广大贫病群众义务诊治疾病，深得群众好评。叶道长还兼任天台道教协会会长、天台山道教研究会顾问、天台山南宗紫阳功法研究会名誉会长。1999 年12 月 1 日，她应邀赴美国传道。一到美国，立即召集美国和巴西等南北美洲道教南宗的道徒，一起同修功法，同时商讨了"中国天台山桐柏宫美洲下院"等有关问题。成立了"天台山桐柏宫基金会筹备会"，为恢复南宗祖庭，重振龙门派昔日辉煌历史跨出了稳健的一步。正当其他乡遇知音、壮志待酬之时，突然在 1999年 12 月 14 日羽化于美国。以张雪凌为首的美国佛罗里达州珊瑚泉城"中国天台山桐柏宫美洲下院"诸道友将她葬于天台桐柏山

之仙苑湖畔[1]。

张高澄 本名雪凌，1952 年出生于北京，祖籍四川。曾就读于成都大学，学业成绩出类拔萃。毕业后，曾任教于浙江大学。1986 年赴美国深造，获计算机博士学位。

张高澄道长于 1982 年在浙江大学教书的时候，赴天台山桐柏宫寻师访道，拜浙江省气功协会顾问、桐柏宫住持谢崇根为师，成为道教龙门派第 27 代传人。

为了弘扬中国道教文化，他到美国后仍然积极开展传道布道，在美国佛罗里达州珊瑚泉城创办了一所修炼、研究道教学说的道院"中国天台山桐柏宫美洲下院"（意为尊崇天台县境内的桐柏宫为上院），就任住持。随后，以珊瑚泉城为中心，逐渐辐射到美国、加拿大各地，先后建立了 45 处杏坛，道徒发展到 25000 多名。

1999 年 12 月，以张高澄道长为首的美洲道门羽士，迎请南宗祖庭住持叶高行道长到美国珊瑚泉城。叶道长到美国后，由于操劳过度，不幸去世。在张道长等美洲道友的安排下安葬于桐柏山之仙苑湖畔。

张道长在 2000 年 2 月护送叶道长灵柩到桐柏山后，目睹祖庭仙宫庙宇萧条、道众星散，在众道友和当地县市主管部门的真诚

[1] 参考赵子廉：《桐柏仙域志》，北京：中央编译出版社，2012 年，第 213—215 页，略有修改。

王嗣嵩演示易筋经

常嗣勲道长演示易筋经

邀请下，临危受命，留任桐柏宫住持。在任期间，翻修鸣鹤观，重建桐柏新宫，兴建浙江道教学院。2015 年 6 月，中国道教协会第九次全国代表会议选举为副会长。2018 年 12 月 27 日，张道长荣膺天台山桐柏宫方丈。2020 年 11 月，当选为中国道教协会第十届理事会副会长。

王嗣嵩 本名福海，1972 年出生于浙江仙居，武术六段，国家级非遗代表性传承人（编号：Ⅵ-93-1454）。自幼习武，膂力出众。18 岁开始云游访师，精进武艺，曾至河南、湖北、安徽、江西等地。2002 年至天台山，问学于全真派第 27 代传人张高澄道长，得天台山易筋经真传。现常驻天台山，在桐柏宫每年举办的易筋经学习班中，担任总教头，并带徒传承。多次参加国内外、线上线下的易筋经展示和表演，讲学千余场，海内外学员近万人。

常嗣勰 本名浩国，天台山桐柏宫道士，台州市第六批非遗代表性传承人。1997 年入天台山桐柏宫拜张高澄道长为师学道，习练易筋经精勤不辍，并担任浙江道教学院学员易筋经辅导老师。同时，多次参加县内外的易筋经展示和表演，在桐柏宫每年举办的易筋经养生学习班中担任教练。

二、天台山易筋经功法要义

天台山易筋经功法简捷，功理渊深，功效显著。天台山易筋经八式动作简便，老少均可习练，每式动作均有道家养生思想和中医养生理论体系支持，习练须掌握各式动作要领，认真领会行功法要，切实做到身体各部位要求。

二、天台山易筋经功法要义

【壹】天台山易筋经功法

易筋经重在性命的修炼上，重点作用在督脉上。所以易筋经的总口诀是：缘督以为经。（庄子《养生主》云："缘督以为经，可以保身，可以全生，可以养亲，可以尽年。"）

缘督以为经，在内功里面非常重要。易筋经所有的动作，都表现在开督脉上。每一个动作，都是要牵拉一段脊柱。督脉上28个穴位，都能牵拉到。脊柱是人体的一条大龙。同时督脉又主一身阳脉之海。

太极图中的S形振荡，就是人体脊柱所象。太极分为黑鱼和白鱼，中间有两个眼，代表人体两肾。黑鱼和白鱼，就相当于人体两肺。中医认为肺主一身之气，肾为先天之本，肺属金，肾属水，金能生水。

预备式

　　双手放松放在身体两侧。二手心相对，二足与肩同宽平行，二足平行站立，全身放松。

预备式（正面）

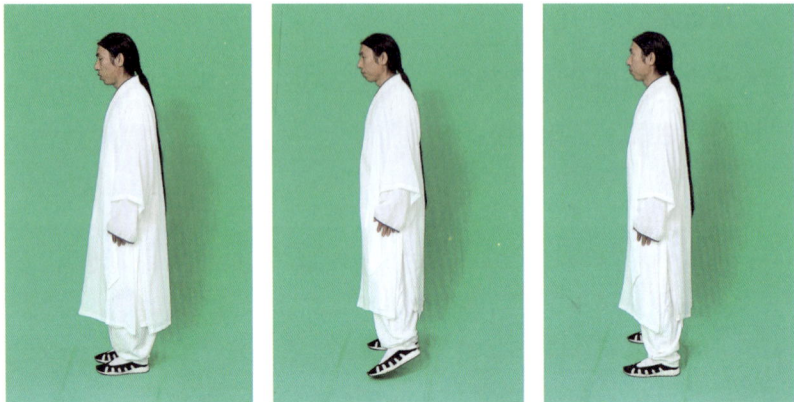

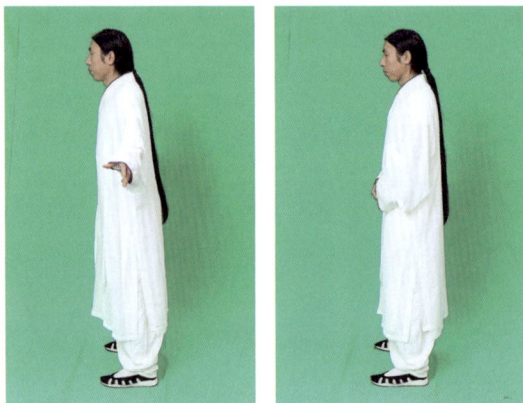

预备式(侧面)

第一式　沐浴守中

功理要点：

双手握固，冥心泯意，融入虚空，洗清万念。"握固"指的是双手握拳，放在双侧天枢穴。天枢在肚脐旁 2 寸，《灵枢》讲腰以上者手太阴阳明主之；腰以下者足太阴阳明主之。守中就是让练习者的神思回到神阙穴（肚脐），神阙为元神之门户，正当脐中。天枢穴，道家以为藏魂之所，故此式作为起始式作用在于稳定心神，去其杂念。同时神阙、天枢都在带脉上，带脉如是腰带围绕人体，有收束全身经脉之用。此式练好可使人精神安宁、祥和，对焦虑，强迫等各种神志性疾病有辅助治疗作用。

动作分解：

双手握固，自然举起，分别放在腹部两肋前。静心澄念，放空身心，停留数分钟，将身心调整到练功状态。

握固：大拇指抵住无名指根部，握空心拳。

沐浴守中（正面）

  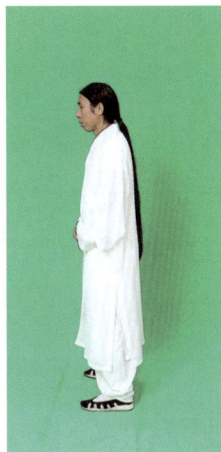 

放空身心　　　　静心澄念

沐浴守中（侧面）

第二式　铁牛犁地

功理要点：

双手握拳，拇指力挺，虚顶垂尾，拔背含胸。拳一定要虚握，而不是实握。虚握拳就是要把肺气打开，不使人体肺气过于闭住。所以虚握拳开肺气，是把全身的气往里收。如果实握就不是宣肺而是闭肺。肺气宜宣不宜闭。肺为人身之华盖，华盖，在最上边。肺为华盖，肺朝百脉，所以动作开始一定要先开肺气。

虚握拳就是把肺气收回来，脚后跟轻轻提起，内在牵动按摩两肾。也即上面所述太极图功理。虚握拳和提脚后跟一个是宣肺，一个是按摩肾，最终作用在脊柱上。所以太极图活起来就是随着脊柱振荡，随着 S 线转。易筋经此式完全发挥了肺朝百脉的势，易筋经先易的是肺经。

铁牛犁地式最重要的是大拇指，大拇指要微翘但不能用蛮力，是要松软。易筋经是用意不用力，这时候就显出练习易筋经要了解经络。铁牛犁地犁的是田，田按照中医医理在中焦脾胃，如果练习者学习一些中医医理知识，比如《灵枢》，就能够加深理解和体会。

《灵枢·经脉篇》讲肺手太阴之脉，起于中焦，而《营卫生会篇》中谈到了三焦之所出。

"黄帝曰：愿闻营卫之所行，皆何道从来。岐伯答曰：营出中焦，卫出于下焦。黄帝曰：愿闻三焦之所出。岐伯答曰：上焦出于胃上口，并咽以上，贯膈，而布胸中，走腋，循太阴之分而行，还至阳明，上至舌，下足阳明，常与营俱行于阳二十五度，行于阴亦二十五度，一周也。故五十度而复大会于手太阴矣。"

"黄帝曰：愿闻中焦之所出。岐伯答曰：中焦亦并胃中。"这就是说上焦出于上脘，中焦从中脘开始。"出上焦之后，此所受气者，泌糟粕，蒸津液。"这就是中焦开了，"化其精微，上注于肺脉，乃化而为血"，没有开肺气，则不能化生血液。肺出了问题，马上就血虚，"以奉生身，莫贵于此，故独得行于经隧，命曰营气"。手太阴肺经练出来的是营气。

"黄帝曰：夫血之与气，异名同类。何谓也？"虽然名字不一样，其实际本质是一样的。"岐伯答曰：营卫者，精气也"，营和卫是身体的精华，"血者，神气也"，血是载神的，营卫是载精的，"故血之与气，异名同类焉。故夺血者无汗"，大出血的人不出汗，"夺汗者无血"，出汗太多就没有血了，"故人生有两死而无两生"。现在认识到铁牛犁地犁的是田，是胃，胃为阳土，所以铁牛犁地犁的是阳土。

什么叫铁牛？可将手比同于牛鼻子，而大拇指弯曲的程度决定铁牛犁地练习的标准。大拇指弯曲的程度和方式引导手太阴经的运行，如果用蛮力很可能造成手太阴经闭住，病气出不来。在

练习的时候大拇指越放松，手太阴肺经就越通畅，营气就越足，那么病气就越待不住，就会顺着手太阴肺经往外走。

"肺手太阴之脉起于中焦下络大肠"，这一式练好，肺脉开通下络大肠，大便通畅，可以解决便秘痔疮等问题。"还循胃口"，胃病也能治，"上膈属肺，从肺系横出腋下，行少阴心主之前……入寸口上鱼，循鱼际出大指之端。其支者从腕后，直出次指内廉，出其端"。肺手太阴之脉其实联系了手阳明大肠经，手阳明大肠经也是出于大拇指次指之端。大拇指是全身奇经八脉的重要汇聚点。

肺经上还有一个重要穴位：列缺。列缺一动，任脉就动。冲为血海，任主胞胎。功效是气血旺盛。大拇指同时牵动鱼际，鱼际的饱满程度，决定胃口的好坏。鱼，通宇宙的宇，鱼是形象。鱼际穴总管神志、情绪，特别是愉快的情绪。

大拇指的坚实程度同时反映身体整体状况。通过习练铁牛犁地，催动胃肠功能，强壮营气。营气一壮，全身器官都能强壮。《灵枢·营气篇》对此有精辟论述。"黄帝曰：营气之道，内谷为宝"，这就要求我们注重饮食营养。营气从中焦出来，中焦出于胃中。"谷入于胃，乃传之肺，流溢于中，布散于外，精专者，行于经隧，常营无已，终而复始，是谓天地之纪。"这就是天地之间的规律，通过饮食营养转化为人体所需的营气精华。"上注于肺"，肺才把全身的营气推动。"故气从太阴出注手阳明，上行注足阳明，下行至跗上，注大指间，与太阴合；上行抵髀，从髀注心中；循手少阴，出腋下臂，注小指，合手太阳。"小指的长度反映营气足不足。营气足小指则长，营气不足小指短。"上行乘腋，出𩑔内，注目内眦。"目内眦属心。"上巅下项，合足太阳；循脊下尻，下行注小指之端。"脚小指的长度决定膀胱经的强弱。"循足心，注足少阴；上行注肾，从肾注心"，然后"散于胸中，循心主脉，出腋下臂，出两筋之间，入掌中，出中指之端，还注小指次指之端"，所以说无名指是废指，是因为不知道它的重要性。比如太极拳里面，只要无名指能松，全身就松了。

然后"合手少阳，上行注膻中"，沐浴守中。上行注膻中，膻中就是手厥阴心包经的募穴，然后"散于三焦，从三焦注胆，出胁，注足少阳，下行至跗上，复从跗注大指间，合足厥阴，上行至肝，从肝上注肺"，所以两仪融清炼的就是金木相交。金能生水，水能生木。但是这里只讲先天，讲心和肾，讲抽坎填离，还不够，要金木交并，从根上找。然后，"从肝上注肺，上循喉咙，入顽颡之窍，究于畜门"。下面说得很清楚，"其支别者，上额，循巅，下项中，循脊入骶，是督脉也"，督脉行的也是营气。

"络阴器，上过毛中，入脐中，上循腹里"，这是任脉，列缺通任脉，"入缺盆，下注肺中，复出太阴"。督脉任脉行的也是营气。"此营气之所行也，逆顺之常也。"督脉、任脉，这不就是逆

顺吗？这就是顺则凡逆则仙，常在中间颠倒颠。

"其支别者，上额，循巅，下项中，循脊入骶，是督脉也。"这是顺，逆就是从尾闾反向。然后任脉这边"络阴器，上过毛中，入脐中，上循腹里"，这是顺，逆就是反方向。

练习之后肠胃健康，营血旺盛，铁牛犁地能治什么病：肺病、便秘、泄泻、痔疮、一般感冒。肺又主全身的皮毛，膀胱为一身之表，一身之表与肺主皮毛就有先天的融合之处，对人的风寒湿气有解表作用，所以铁牛犁地有非常好的解表作用，一般的伤风感冒一练铁牛犁地就会好。《黄帝内经》说皮毛生肾，练好铁牛犁地壮实肺经同时强肾。练铁牛犁地也可化自身的寒湿，《黄帝内经》讲气行湿自化，所以手太阴肺经作用很大，因为肺主一身之气，营气越足，身上受的寒湿化得越快，所以铁牛犁地还能治疗风湿性疾病。

铁牛犁地的口诀，就是打开中焦，壮大阳土，充实营气，结果就是外壮膀胱经，外壮太阳，伐毛洗髓，把皮毛练好，铁牛犁地功效大！

动作分解：

调息：双手向上两侧自然伸开，举过头顶，吸气，然后缓缓从身体正前方下压，呼气，最后交叠于小腹前。男性左手在内，女性右手在内。

易筋经每个动作与动作之间都做一个调息。

1. 做一个调息。

2. 双手自然从下往上浮起，向前平伸。

3. 持续片刻，握空心拳向胸口收回。

4. 双手握空心拳沿着身体两侧往下抻。

5. 抻到底部吸气，吸饱之后缓缓呼出。

6. 做一个调息。

动作要领

1. 向前平伸时双手有无限延展之意。

2. 双手抻到底时，力挺拇指指尖。

3. 整个过程呼吸自然，不必刻意。

4. 动作以舒缓为佳，将筋骨层层打开。

铁牛犁地（正面）

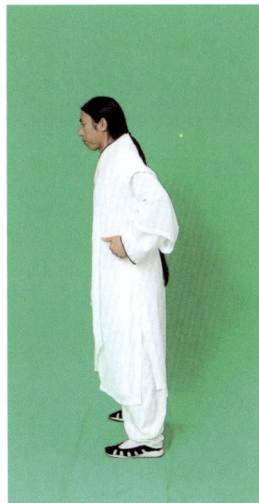

铁牛犁地（侧面）

第三式　海底归元

功理要点：

双手推下，真意贯充，任督中通，玄关神开。海底就是人体的阴跷，在会阴稍上一点。海底是一个大窍。窍比穴位大。会阴穴，是一个穴位，但是阴窍是一个大窍。元是人身的精气，源头就在阴窍。也就是讲，人身一个太极，太极的源头就在元精元气。

铁牛犁地是创造一个无极的状态，把营气壮大，混元的无极状态。海底归元是太极的开始。无极生太极。海底归元是太极的状态。也就是太极图里面，中间的脊柱，然后在两个眼之间，再往中间，是先天肾气的源头，海底归元。海底归元的口诀是，双掌下推，真意贯通，任督中通，玄关伸开。

什么叫真意，第一什么叫意，意就是意念，脾藏意，脾为阴土，胃是阳土。铁牛犁地开阳土，海底归元充阴土。铁牛犁地壮胃，海底归元实脾。什么叫真意？先天的脾要充实，才能把先天藏的意贯通出来。脾的功能必有赖于胃阳土的熏蒸。所以叫真意贯充。顺序一定要先练铁牛犁地，不能颠倒。先练铁牛犁地，再练海底归元。如果前面胃的阳土没有练好，后面脾的阴土肯定跟不上。所以还虚第一，真意第二。还虚就是还到无极状态。真意是回到太极状态。真意贯充，代表中焦脾土胃土统而一体。所以说海底归元的前提是中焦旺盛，否则先天精气不可能出来。刚才讲了营气，内谷为宝，精气才能出来。练功过程中要安静。真意贯充之后，是任督中通。《营气》一篇讲了，"其支别者，上额，循巅，下项中，循脊入骶，是督脉也；络阴器，上过毛中，入脐中，上循腹里"。海底归元，主要功效就是打开阴窍之门，开启先天能量。先天能量必定以后天的脾胃为辅助。

易筋经的总口诀："真意内涵，道体虚空，正源清气，鼎极周寰。真元发用，先天敷施。"把中焦练好，后续步步见效。"先天敷施，后天滋盛"，先天反过来能滋养后天。然后"百脉清通，天地虚廓，炼形化质，众妙玄元，全真自然"。易筋经要把形炼出来，进而化质。

海底归元重在初始的脾土，内壮脾土，开启阴窍，先天发动，任督交通。

这一式主治思虑过度，心脾两虚，失眠，也可治疗下焦，如男科前列腺疾病、妇科卵巢及妇女早衰等疾病。

动作分解：

1. 做一个调息。

2. 双手掌心向下自然从下往上浮起，向前平伸。

3. 双手缓缓收回，五指自然张开。

4. 双手掌沿着身体两侧往下压。

5. 压到底部吸气，吸饱之后缓缓呼出。

6. 做一个调息。

动作要领:

1. 向前平伸时双手有无限延展之意。

2. 双手压到底,仿佛将水面浮球压向水中。

3. 整个过程呼吸自然,不必刻意。

4. 动作以舒缓为佳,将筋骨层层打开。

海底归元(正面)

海底归元（正面）

海底归元（侧面）

第四式　两仪融清

功理要点：

双手平推，疏胸开节，肝胆利导，金木交化。无极生太极，太极生两仪。两仪在易筋经看来，不是心和肾，而是肝和肺。

两仪融清的口诀：双手平推，舒胸开节，肝胆利导，金木交化。这一式从功理上讲，两仪就是肝和肺。两仪融清，就是金木（肝肺）之间交并。

这一式首先是强壮肝经、疏通胆经。"复从跗注大趾间，合足厥阴，上行至肝，从肝上注肺。"这一式功理讲的就是，肺气旺盛，以及后天脾土旺盛，都有赖于肝经的调达，肝喜调达而恶抑郁。两仪融清的起手，是从两胁上。肝经布胸胁，胆经起于胸胁。两仪融清重点练肝和肺。金可以克木，反过来，木火可以刑金。所以有的人一生气就会咳血。凡是气到吐血咳血的人，都是木火刑金。如果想让肺气正常运转，肝必须调达，肝经必须疏通，所以此式可以治疗肝火上逆引起的胸胁苦满、反胃、咳血等肝气逆症，还可以治疗因伏案工作造成动脉供血不足引起的头痛、头晕等。

动作分解：

1. 做一个调息。

2. 双手掌心向下从下到上捧至胸前，然后向身体两侧推开。

3. 手掌掌心向外，自然撑开，双臂推至尽头缓缓吸气，吸饱之后缓缓呼出。

4. 保持以上姿势，双臂顺时针转动 6 次。

5. 保持以上姿势，双臂逆时针转动 6 次。

6. 保持以上姿势，双臂前后摆动 6 次。

7. 手腕向前旋转 180 度，指尖朝地面。

8. 保持以上姿势，双掌带动双臂向两侧撑开，缓缓吸气，吸饱之后缓缓呼气。

9. 双臂自然放下，做一个调息。

动作要领：

1. 双臂向两侧撑开时尽量带动背部打开。

2. 双臂做转动摆动时幅度可以大一些。

3. 整个过程呼吸自然，不必刻意。

4. 动作以舒缓为佳，将筋骨层层打开。

两仪融清（正面）

两仪融清(侧面)

第五式　神象飞精

功理要点：

双掌前推，三阳通利，舒中强筋，返元还精。

无极生太极，太极生两仪，两仪生四象。两仪真正讲的是肝和肺。三阳包括手三阳和足三阳，就是身体的阳经都能振奋起来。四象是青龙、白虎、朱雀、玄武，这里指全身的阳经都振奋起来，任督相通，肝和肺相交并，手三阳、足三阳通利，身上的筋才能强壮。神象飞精，关键的一点，在精上，要返元还精，返到命门穴。神象飞精可治疗腰、颈、肩方面的病，最大的功效在颈椎，太阳、少阳、阳明三阳合起来，让全身的阴气通过太阳经排出来。行功要诀就是：神象飞精，强筋壮骨，托邪外出，还精命门。

动作分解：

1. 做一个调息。

2. 双手掌心向上从下到上缓缓捧至胸前，双掌向前平推。

3. 手掌掌心向外，自然撑开，双臂推至尽头缓缓吸气，吸饱之后缓缓呼出。

4. 双臂自然放下，做一个调息。

动作要领：

1. 双掌向前推开时，双肩不要前倾。2. 整个过程呼吸自然，不必刻意。3. 动作以舒缓为佳，将筋骨层层打开。

神象飞精（正面）

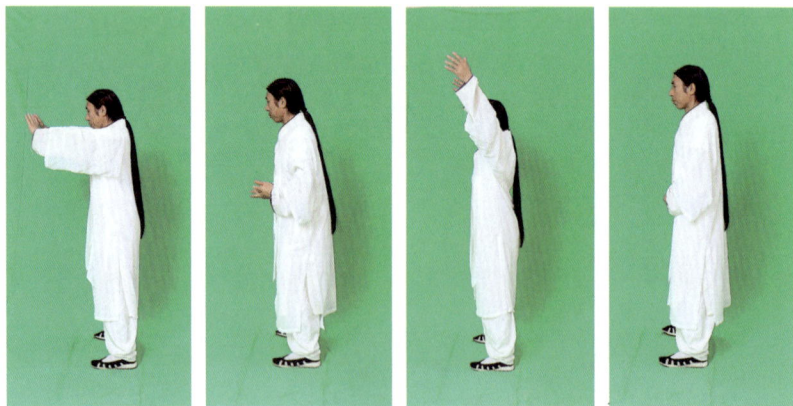

神象飞精（侧面）

第六式　摘星望月

功理要点：

单掌探月，掌护命门，紫霄抚龙，坎宫守元。通过前面几式锻炼，可将精气回到命门，此时就要护住。"紫霄抚龙，坎宫守元"就是保护住命门。肾虚就会得颈椎病。这一式就是保护住命门，从而镇守住元精，再化成精髓，还精补脑。此式有一个要点，就是动作往上的时候，太阳穴要与肩髃穴成一条直线。

摘星望月最能强壮少阳经，《灵枢·本输篇》："少阳属肾，肾上连肺，故将两藏。"这一式治疗颈肩综合征，兼有聪耳明目的作用。对于治疗头痛、颈椎病也都有非常好的效果，同时对于前面颈动脉、主动脉瓣硬化有防治作用。还能充足脑髓，避免老年痴呆。行功要诀："太阳肩髃成一线，百会命门两相连，还精补脑少阳病，命门还精永不漏。"

动作分解：

1. 做一个调息。

2. 左手掌心向外，护住命门。

3. 右手掌心向上，沿身体中轴线从下往上托举。

4. 举过头部时自然转动腕部，将指尖朝向身体中轴线，掌心依然向上。

5. 手臂保持以上姿势，右手掌带动右臂向右侧身后旋转至转

不动为止，同时手掌向上撑开，缓缓吸气，吸饱之后缓缓呼出。

6. 手臂保持以上姿势，缓缓从右向左旋转，向左侧身后旋转至转不动为止，同时手掌向上撑开，缓缓吸气，吸饱之后缓缓呼出。

7. 手臂保持以上姿势，向右旋转回到身体中轴线，右掌下落，到背部掌心向外护住命门。

8. 同时左手离开背部，重复 3~7 个动作步骤，转动方向先左后右。

9. 双手交替连续练习。

10. 双臂自然放下，做一个调息。

动作要领：

1. 手掌向天空推开时，头微微仰起，双目同时透过手指望向天空。

2. 整个过程呼吸自然，不必刻意。

3. 动作以舒缓为佳，将筋骨层层打开。

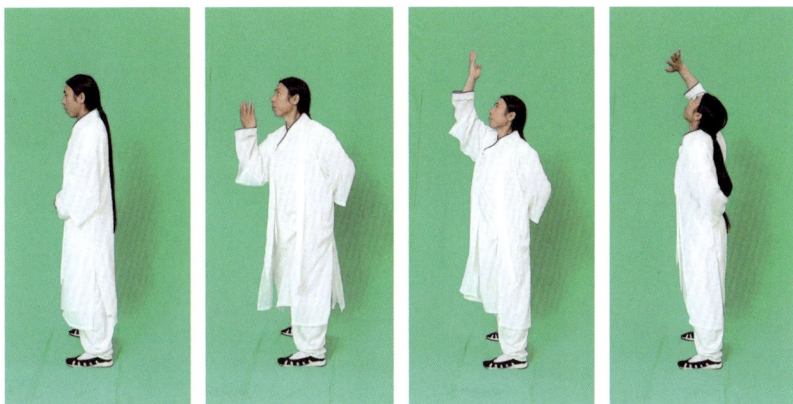

摘星望月（侧面）

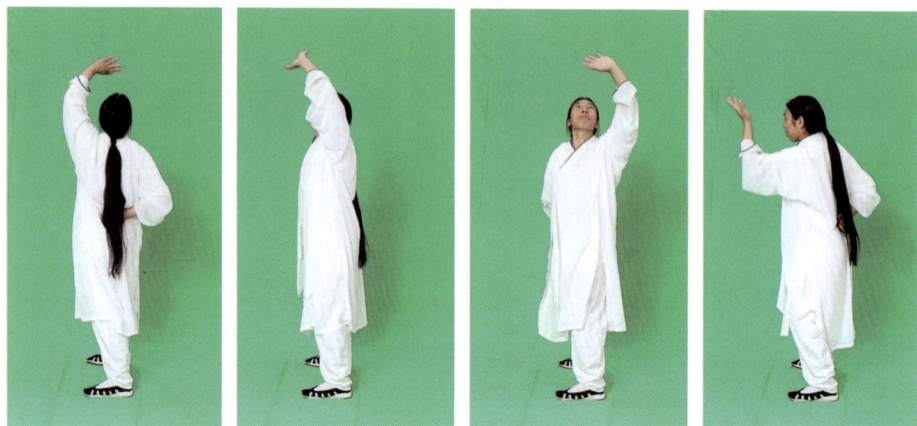

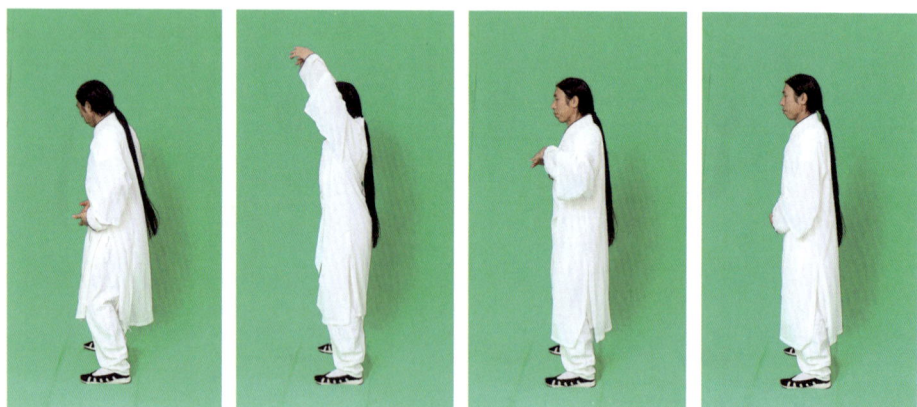

摘星望月（侧面）

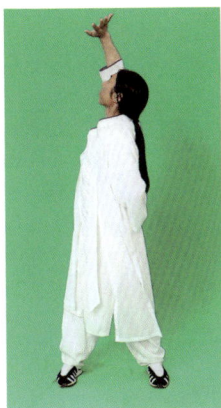

摘星望月（正面）

摘星望月（正面）

第七式　鼎立乾坤

功理要点：

下捞海川，上推天顶，水火既济，天地混合。鼎就是我们整个身体，乾为上，坤为下。这一式就是全面活动督脉，纠正脊柱间的错位。中医认为督脉为一身阳脉之海，此式练习从颈椎、胸椎、腰椎、骶椎依次下移，松开每个椎体，后从下往上回到颈椎，依次反复使椎体的错位实现矫正。可治疗全身因为脊神经被压迫所导致的疾病，又可通过躯体的上下运动对内脏起到整体按摩作用，功效非凡。但由于此式动作幅度较大，有严重腰椎病变的人要量力而行。肾属水，心属火，此式练习后水火调平既济，心肾相交。可治疗更年期综合征、失眠等现代人常见的顽固性疾病。

动作分解：

1. 做一个调息。

2. 双手掌心向上从下到上缓缓捧至胸前，然后转动手腕，保持掌心向上继续托举超过头顶，抬头，双目注视双掌。

3. 双掌保持手形，双臂自然上撑，缓缓从身体前部往下移动，身体脊柱亦随之弯曲。

4. 弯腰到尽头后，双掌已达底部，手形保持不变，掌心向下，双臂向身体左后侧旋转，转至尽头，再向身体右后侧旋转。

5. 回到身体正前方，保持弯腰姿势，双臂和双手伸直，尽量

向前延伸，臀部向后坐，和双臂形成对拉。

6. 双掌几乎贴着地面向后打开，最后抓住双脚脚踝，同时腹部尽量贴近大腿，身体呈折叠状。

7. 躯干保持以上姿势不变，双手沿双腿背部带动双臂向上，在身体背部反剪双手，同时撑开双臂。

8. 躯干保持以上姿势不变，双臂回到身体前方，双手在头顶作抱球状，双臂自然撑开。

9. 身体从下到上缓缓起身站直，双臂抱球自然上移。

10. 站直后身体继续向后弯曲至尽头，双臂同时向后方两侧打开。

11. 身体恢复直立，双臂自然放下，做一个调息。

动作要领：

1. 脊柱下弯时按照颈椎—胸椎—腰椎次序节节弯曲，复原时反之。

2. 做第 10 个步骤时双臂可以尽量打开。

3. 整个过程呼吸自然，不必刻意。

4. 动作以舒缓为佳，将筋骨层层打开。

鼎立乾坤（正面）

鼎立乾坤（正面）

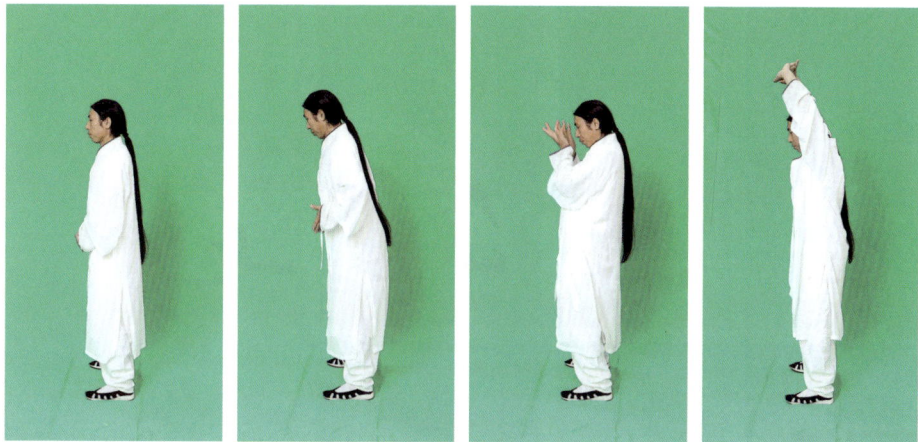

鼎立乾坤（正面）

鼎立乾坤（侧面）

第八式　收功

功理要点：

双手合掌，归胞丹田，伫立清心，复归寂静。有起有收方为完整功法，经过锻炼，人体的阳气充分升发。人之三宝精、气、神要回归，不可使之散，这时通过收式把阳气回归到丹田，使神内藏。

动作分解：

双手向上两侧自然伸开，举过头顶，然后缓缓从身体正前方下压，最后交叠于小腹前。男性左手在内，女性右手在内。

动作要领：

呼吸平缓，意念越淡越好，保持数分钟，渐渐回到没有练功的平静状态为佳。

收功（正面）

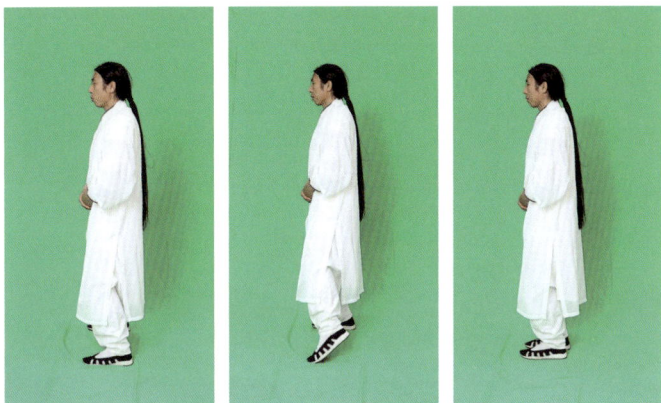

收功（侧面）

易筋经团体练习

【贰】天台山易筋经要义

天台山易筋经八势歌诀

真意内涵　道体虚松　正源清气　鼎极周寰　真元发用　先天敷施

后天滋盛　百脉清通　天地虚廓　炼形化质　众妙玄元　全真自然

沐浴守中	双手握固，冥心泯意，融入虚空，洗清万念
铁牛犁地	双手握拳，拇指力挺，虚顶垂尾，拔背含胸
海底归元	双手推下，真意贯充，任督中通，玄关神开
两仪融清	双手平推，疏胸开节，肝胆利导，金木交化
神象飞精	双掌前推，三阳通利，舒中强筋，返元还精
摘星望月	单掌探月，掌护命门，紫霄抚龙，坎宫守元
鼎立乾坤	下捞海川，上推天顶，水火即济，天地泯合
归元丹田	双手合掌，归胞丹田，伫立清心，复归寂静

【叁】行功法要

天台山紫凝易筋经，是道教先辈身体力行，凝练而简，经南宗数代高道精益求精传承而来的基础功法，为伐筋洗髓之基。也是南宗道教之瑰宝。

1. 道德为本

习练易筋经者，当以道德为本，凡事以让为先，保持健康积极的心态，创造和谐的人际关系。事来则应，事过则忘，不以物喜，不以己悲。要在平时保持练功时的身心状态。

2. 呼吸自然

习练功法时，要求呼吸自然、柔和、流畅，不喘不滞。相反，若不采用自然呼吸，而执着于呼吸的深长绵绵、细柔缓缓，则会在与导引动作的匹配过程中产生"风""喘""气"三相，即呼吸中有声（风相），无声而鼻中涩滞（喘相），不声不滞而鼻翼扇动（气相）。这样，习练者不但不能受益，反而会心烦意乱，动作难以松缓协调，影响健身效果。练习本功初期以自然呼吸为主。站功久后呼吸自然成整体呼吸和内气运动相呼应，是为真息。

3. 身心放松

练功时，首先要气静神怡，思想集中，扫除万虑。开始时可想象全身如在水中或空气中飘浮。以一念代万念，最后要一念也无。身体也要做到内外放松，即四肢百骸，大小关节和内脏尽可能放松保持，要做到"松"而不"懈"，"松"而且"整"。保持全身的舒畅状态，神形悠然相依，以神光返照全身，使意念和身心融为一体，与宇宙相合。

4. 重在用意

做本功时切勿用拙力，而以彻底放松为要。即在习练中，以调身为主，通过动作变化导引气的运行，做到意随形走，意气相随，起到健体养生的作用。

5. 注意环境

练功需选择安静的环境。练功忌情绪不好，过于疲劳，过饥过饱，或酒后饭后，激烈运动后，风雨雷电天气亦不可练功。练功期间饮食以清淡为主，不可荤腥过重。练功时要穿宽松的衣服。练功后不可马上进食，不可吹风。练功后要收功三四分钟才能做其他事。

6. 明师指导

本书介绍的只是天台山易筋经的功法大意，一些自学有难度的动作已经省略。真正习练最好有明师指导，这样才能够完整习练并充分体会这套功法的微妙之处。

【肆】身体各部位要求

1. 意念放松

锻炼时，首先要气静神怡，思想集中，扫除万虑，使思想意念高度集中，无任何杂念，开始时可想象全身在水中或空气中飘浮。以一念代万念，最后要一念也无。保持全身似笑的舒畅状态，让人的心从后天返回先天，以神光返照全身，意念和身心一体。

王嗣嵩带练易筋经基础站桩功

王嗣嵩讲解身体各部位要领

意念放大、与宇宙相合。

2. 周身放松

锻炼时，要做到内外都放松，四肢百骸、大小关节和内脏尽可能放松，但是要求"松而不懈"。"松"要贯彻始终，要松到头，"松"和"整"又是相辅相成的。腰胯放松，周身关节有似屈非屈、似直非直之意。神形悠然，犹如空气浴中。

3. 呼吸自然

呼吸不要去有意控制，气不可提，也不可故意沉，要求做到匀静自然，和平常一样。

4. 身体各部位的要求

头：头要正，收颔直颈，好像有绳上提，但要似顶非顶，面带微笑，眉心展开如莲花。最后全身和心意中有如莲花笑开之意。

足：两足放平，意向下坐，足趾有扒地之意，足心虚涵，膝微曲而上缩，不可吃力，吃力则不稳。

胸腹：脊椎要自然竖直，松肩坠肘，臀部似坐高凳，心窝微收，小腹常圆。

齿：牙齿上下衔接，但不可用力叩合。

舌：舌尖微卷，似顶非顶，自然为主。

口鼻：呼吸自然，口微张，露一缝隙，不要闭气，呼吸方面达到舒适为原则。

目：两眼轻轻闭合留一条线，要精神内视，意照全身。

耳：凝神静息，好像极远处微细的微雨风竹声都能听到。

三、天台山易筋经的特点与价值

天台山易筋经为道家养生术精华，依据道家调和阴阳、流通气血、培补元气的养生原理，其动作延续传统，简单易行，具备独特的文化意涵，讲究筋骨膜气同练，达易筋洗髓之效。天台山易筋经内涵丰富、发展了中医经筋理论，建构了极具特色的练养体系，养生保健效果突出。

三、天台山易筋经的特点与价值

【壹】道家养生

道家养生古名摄生、道生，即以老庄道家思想为宗旨，太极八卦阴阳五行学说为指导，以调阴阳、和气血、保精神为原则，运用调神、导引吐纳、四时调摄、风水环境、道乐书画等方式，茶养、食养、药养、节欲、辟谷等多种方法，使精气神后天转化先天，运用先天之气滋养后天。以此来调和阴阳、流通气血、培补精气、锻炼筋骨、颐养脏腑、调理肌肤。达到性命双修、身心和谐的目的。

1. 道家养生功的滥觞

道家养生功的历史源远流长。它起源于唐尧时期，奠基于春秋战国，以后历代有所发展。远在两千多年前先秦时期的医学著作和其他著作中，就有关于养生的论述。养生一词，最早见于先秦时期的道家医书《黄帝内经·灵枢·本神》："故智者之养生也，必顺四时而适寒暑，和喜怒而安居处，节阴阳而调刚柔，如是则僻邪不至，长生久视。"同时《黄帝内经·素问·上古天真论》中说："余闻上古有真人者，提挈天地，把握阴阳，呼吸精气，独立守神，肌肉若一，故能寿蔽天地，无有终时。"道家的老子、庄子，都在他们的著作中提到了养生功，《庄子》中有《养生主》一章。现存最早的完整地描述呼吸锻炼的，要数战国初年石刻文中的"行气玉佩铭"。1973 年湖南长沙马王堆三号汉墓出土的一批简帛医书中，也有描述养生功的帛书帛画。

2. 道家养生功的源流

先秦时期的老子、庄子创立道家学派，为道家养生术的发展奠定了较为完整的理论基础。提出了"虚其心，实其腹""致虚极，守静笃""专气致柔，能婴儿乎""吹呴呼吸，吐故纳新，熊经鸟伸"的道家养生功的基本理论。

魏晋南北朝时代，道家养生功提出了重生贵生、天人合一、我命在我、形神相依、众术合修等一系列理论。守窍类、气法类和导引类的养生方法有了较大的发展。魏伯阳的《周易参同契》系统阐述了内外丹理论，被尊为"丹经王"。

道教上清派围绕《黄庭经》形成了一套包括斋戒、叩齿、咽液、起居等多种方法的养生体系。这一时期出现的葛洪、陶弘景两位养生大家即是道家养生体系定型的标志。葛洪在其《抱朴子》中，对道家养生功的经验和方法做了较详细的记载。陶弘景辑录了六朝以前的道家养生功经验，撰成《养性延命录》一书。

隋唐时期，道家养生术得到了进一步的完善和发展。特别是

在炼神修心方面有了发展。如司马承祯的《坐忘论》等。内丹修炼也已开始流行，以隋代苏元朗的《龙虎金液还丹通元论》中第一次出现"内丹"二字为标志。这一时期有不少道家养生著作，包括名医道士孙思邈的《千金方》、崔希范的《入药镜》等。

宋元时期，道家养生方法的主流为内丹术。从晚唐开始，钟离权、施肩吾、吕洞宾、彭晓、陈抟、刘海蟾等尊内丹。北宋时期，张伯端著《悟真篇》开道家南宗一派，北方王重阳创全真形成北宗，元末南北宗合流。内丹修炼不仅是道家长生求仙的修持方法，而且也与行气、导引等功夫一样，是人们修身养性、延年益寿的重要手段。

明清道家养生家中亦形成了若干派。影响比较大的有张三丰派、陆西星的东派、李西月的西派。而在内丹功法的研究方面，则以伍守阳、柳华阳及刘一明的著作特别引人注目。

天台紫凝道人著《易筋经》将易筋、易骨、洗髓等部分功法公布于世，更促进了道家养生功的普及。

【贰】理论依据

1. 调和阴阳

《黄帝内经》说"阴平阳秘，精神乃治"。所以，调和阴阳则精神充旺，邪不能侵，得保健康。调和之道，须顺时以养阳，调味以养阴，使阳气固密、阴气静守。养生功锻炼入静后，则交感

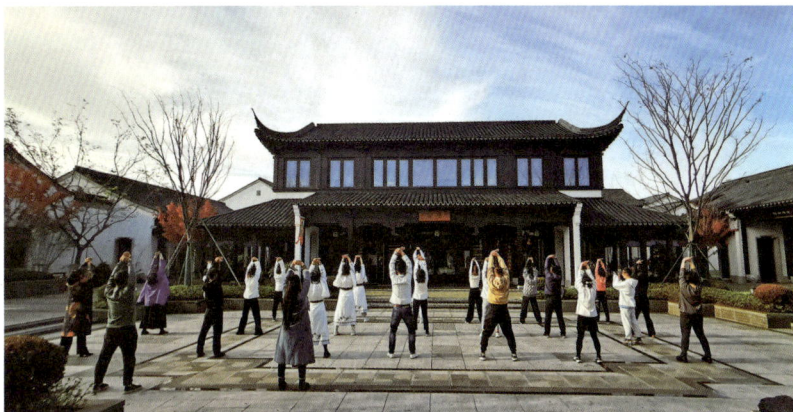

天台莲花小镇易筋经群体演练

神经兴奋强度减弱，身体代谢降低，高反应状态得以纠正，功能得以调整，起到抑阳扶阴的作用。

2. 流通气血

气为血帅，血为气母，二者相伴，贯通周身，熏濡百节，流通则生机正常，滞塞则郁结病生。流通之道有二：一是以形体动作促进气血流行，此即流水不腐的道理；二是以呼吸与意念来导引气的运行，此即养生功吐纳导气之术。二者均是通过气血流通而养生。

3. 培补元气

人始生，先成精，先天之精源于父母，藏于肾，为生命之本、繁衍之源。后天之精由生化而来，亦藏于肾。故精乃阴气之本源，精盛则本壮，气化之源旺，故生气勃勃。而人之一切活动无不消

易筋经团体练习

耗阴精，故而用练形采气等功法培补精气，补精以滋源。

【叁】天台山易筋经的特点

天台山易筋经根源于传统易筋经，得《易筋经义》之三昧。但又有着不同于传统及各派易筋经的突出特点：

1. 继承传统，简单易行

《易筋经》不同于一般的气功、导引书，它首次提出了"筋膜"理论。认为"筋则联络肢骸，膜则包贴骸骨。筋与膜较，膜软于筋；肉与膜较，膜劲于肉"。"俟炼至筋起之后，必宜倍加功力，务使周身膜皆腾起，与筋齐坚"，"行此功者必使气串于膜间，护其骨，壮其筋，合为一体"，此是《易筋经》"内壮"之精髓。《易筋经》在此基础上又主张内外兼炼，兼载"内壮""外壮"功法，言"内壮者，其筋调畅，其皮细腻，而力极重。若外壮者，其皮粗老，其掌与腕处处之筋悉皆盘结，状如蚯蚓浮于皮外""内壮言道，外壮言勇"，但讲究内外次序，强调先壮后勇。其功架由十二式组成，在传播过程中，又经过编辑，推衍出十四式、二十二式、二十四式、二十八式、三十六式等等不同版本，名称、招式愈加繁复，且需要配合呼吸、外练甚至药物洗方，略为繁杂。

而天台山易筋经继承了《易筋经》的筋膜、内壮等基础理论，在功架上又进一步简化，仅由沐浴守中、铁牛犁地、海底归元、两仪融清、神象飞精、摘星望月、鼎立乾坤、归元丹田等八式组成。八式基本为定步，动作简便灵动，颇有仙家飘举之意。又不拘场地、不限年龄，行走坐卧，皆可习练，初练时可为自然呼吸。虽看似简易，却自有妙趣变化在其中。柔则近于舞蹈，刚则近于武术；刚柔相济而守中，则不自觉炼己而合于道。相较之下，诸版本易筋经未尽大道至简、质朴之意。

2. 独特的文化意涵

天台山易筋经功法由八式组成，为何是数字八，因其根源于"群经之首"《周易》。《易筋经》之总论说："易之为言大矣哉。易者，乃阴阳之道也。"《庄子》说："易以道阴阳。"则总论之语已经揭明了《易筋经》与《周易》之关系。《周易》的生成观体现在

王嗣嵩在桐柏宫演练易筋经

王嗣嵩在桐柏宫演练易筋经

王嗣嵩在桐柏宫演练易筋经

王嗣嵩在桐柏宫演练易筋经

太极生两仪，两仪生四象，四象生八卦，八卦生六十四卦这样的过程之中，进而将天地万事万物纳入此模式之中。八卦正是此模式运转的枢纽，又称八"经卦"。天台山易筋经功法数字为八，正是合八卦之意。不仅突出其枢纽作用，同时蕴含八卦又生六十四卦以包罗万象的意涵。其功法照顾到前后、上下、左右，蕴收摄六合之意在其中。功法又讲究神入虚空，则包藏天帝太乙顺行八宫之玄奥。

3. 筋骨膜气同练，达易筋洗髓之效

易筋即变易筋骨膜的训练。肌肉在放松下整体协调状态称为膜，动静的时候都要做到肌肉的放松，肌肉放松则站功时筋骨支

撑全身的间架，动功时以筋骨拉伸带动全身。在运动时以脊椎为中心，以骨为弓背，以筋为弓弦，以膜为辅助，做整体运动。让筋骨膜得到锻炼，即易筋之功。

炼筋不炼膜，而膜无所主；炼膜不炼筋，而膜无所依；炼筋、炼膜而不炼气，而筋膜泥而不起；炼气而不炼筋膜，而气瘻而不能宣达流串于筋络，气不能流串，则筋不能坚固。

易筋经功夫以立功为基础，盖立功时全身筋骨膜支撑全身的间架，其外则形不动，内则行洗髓之功。故习立功最易入易筋洗髓之门。

【肆】天台山易筋经的意义与价值

天台山易筋经简单质朴，效用非凡。研究、习练、推广它，在当今之社会情势下，有着十分重要的意义与价值。主要体现在以下几点：

1. 丰富、发展了中医经筋理论

中医典籍《灵枢》专列《经筋》一篇，记载了十二经筋的循行路线，分布部位和常见病症，这是目前对"筋"相关学说的最早记载。然而后世医家对"筋"的领域则鲜有涉及。《易筋经》首先提出"筋膜"理论，认为"此膜人多不识，不可为脂膜之膜，乃筋膜之膜也。脂膜，腔中物也；筋膜，骨外物也"，在解剖部位上比全元起、张景岳"人皮下肉上筋膜也"的说法更加清晰。《易筋经》又进一步从应用角度串联了"筋、膜、气"体系，认为"炼筋易而炼膜难，炼膜难而炼气更难"，从难处入手，"气至则膜起，气行则膜张，能张能起，则膜与筋齐坚齐固矣"。可以说，这是通晓医学的"练家子"，在实践的基础上，对中医经筋理论的进一步发展。

2. 建构了极具特色的练养体系

在《易筋经》出现以前，导引书大概可以分为两种类型：一种是比较零散的锻炼方法之汇编，如《千金要方》中的"按摩法"。一种是按照某一原则对若干方法的编辑，如《保生心鉴》之"二十四气图"以时令编辑。这些都还只是对文献的汇编整理，并没有对学科内在规律的探索与总结，也远没有给出学科体系的一般框架。但《易筋经》的出现弥补了上述不足。《易筋经》从内容上主要分为论、法、功三个部分，既有基础理论，又有应用理论和

王嗣嵩在桐柏宫演练易筋经

王嗣嵩演练易筋经

系统的锻炼方法，体系完整。它强调"内壮外勇"，融合导引内炼和武术外练，拓宽了导引术的施用领域。它的出现，在中国武术史上也颇具意义。在《易筋经》出现以前，中国武术总体是比较重视形体、力量、速度、技巧等外部层面。而在明末清初时期，中国武术渐有重视内部气血的内向化趋势。《易筋经》就是这一趋势的最好证例。它讲究守中积气、采咽和阴阳配合，更重内壮，与明代戚继光、程宗猷、任伯言等人的武术书，有着极其不同的取向。可以说《易筋经》在中国导引、武术、体育史上是别具一格的，而天台山易筋经更是在继承传统《易筋经》优秀、连贯的练养体系之基础上，结合南宗内丹修炼实践，进一步将功法简化，大大便利了《易筋经》的学习与传播，不仅丰富了中国导引、武术之内容，对今后导引、武术等体育活动实践和理论建设都具有重要价值。

3. 养生、保健效果突出

概而论之，"精、气、神"乃人身之三宝，而气为枢机。无气则物不化精，精亦不能输布周身，无气则神亦不能生。《易筋经》十分重视气的枢机作用，以为"周身上下动摇活泼者，此又主之于气也。是故修炼之功，全在培养气血者为大要也"。南宗羽士据此道理编创天台山易筋经功法动作，讲究以意领气，配以动作促气，意在调动全身经气，进而疏通全身经络，改善呼吸功能，促进气血运行。它的动作柔和连贯，动静适宜，也能使人体的大小关节、重要骨骼都得到较为充分的运动，进而提高肌肉、关节的灵活性和柔韧性。还注重通过脊柱的旋转屈伸，带动四肢及内脏运动，可以调整五脏平衡，激发人体潜能，实现强身健体、延年益寿的目的。近年来，越来越多的学者参与到了易筋经功法效用的研究中，他们从生理、心理、病理等各个角度，对不同人群如学生、教师、中老年习练易筋经的效果进行了科学的观察和分析，验证了易筋经对生理、心理的正向调节作用，以及对多种疾病的改善功效。

四、天台山易筋经的保护传承

天台山易筋经作为国家级非遗项目，在各级政府指导支持下，传承有序，保护得力。以天台山桐柏宫和浙江道教学院为主要保护机构，以台州市易筋经协会和台州市养生文化研究会为主要社会普及传播机构，在天台县、台州市及至全国各地，均有传承传播活动。

四、天台山易筋经的保护传承

【壹】易筋经主要保护机构

1. 天台山桐柏宫和浙江道教学院

天台山桐柏宫始建于三国赤乌初年，是中国道教南宗的祖庭。近年来，桐柏宫以传承、弘扬天台山易筋经为己任，与天台县非物质文化遗产保护中心一起，开展天台山易筋经史料搜集、整理工作，初步建起了天台山易筋经保护档案。桐柏宫还建有易筋经室外练习场所 1000 平方米，建有紫凝易筋经训练中心 500 多平方米，并将易筋经传承列入浙江道教学院教学课程。桐柏宫有天台山易筋经省级代表性传承人王福海、市级代表性传承人常浩国等。每年制订保护工作计划，设有专门的保护办公室，配备电脑、打印机等设备，及 2 名工作人员，从事日常的保护工作。同时，还邀请民间易筋经传承人进行交流切磋，启动编写《紫凝易筋经》的工作。自 2010 年以来，桐柏宫每年举办数十期天台山易筋经培训班，王福海、常浩国等代表性传承人赴外地传授。桐柏宫每年用于天台山易筋经专项保护资金 5 万元，主要用于资料整理、传授培训活动、展示活动。邀请健身气功专家、历史文化学者来天

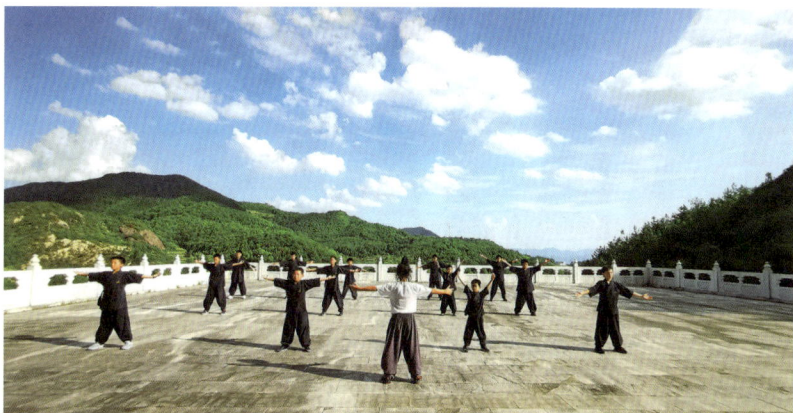

桐柏宫青华塔前易筋经演练

台进行交流指导活动。

2. 台州市易筋经协会

台州市易筋经协会于 2018 年 11 月 18 日在天台县平桥镇田中央村召开成立大会暨第一次会员代表大会，这是全国首家成立的易筋经协会。

台州市易筋经协会发起人是易筋经著作者胡宗衡第 32 世孙胡卫东。易筋经据考证系明代天台山紫凝道人胡宗衡整理传世，原是道家导气功夫，易筋经面世标志着中华武术气功体系的形成。《易筋经》源于台州，发扬于全国，在国家体育总局编创的健身气功法中，《易筋经》位居首位。易筋经已成为台州全民健身的主体项目。

台州市易筋经协会会长余红霞表示，台州市易筋经协会将积

浙江道教学院易筋经演练

极开展易筋经"进机关、进学校、进村居、进社区、进企业、进景点"的"六进"活动，努力迈上新台阶，为易筋经发展的美好明天贡献力量！

3. 道家南宗传承——台州市养生文化研究会

当代南宗当家天台山桐柏宫方丈张高澄为研究会发起人和名誉会长，南宗樵鹤宗当家、浙江道教学院常务副院长谢泂为研究会发起人和会长。研究会核心骨干人员均为南宗弟子，肩负新时代下在社会中发扬南宗的使命。

南宗是北宋时台州张伯端创建的养生修真宗派，与宋末王重阳创建的北宗并称。其主要代表人物多出自南方，故名南宗，又称紫阳派，俗称天台山道家。天台山桐柏宫即是南宗祖庭所在。

南宗认为：内在的身心和谐是身体健康的基本保障，外在的和谐是家庭健康的基础，社会的和谐是整个国民身心健康的外在条件，自然环境的平衡和谐是万物生长的必要条件，完美的身心和谐就是道德神仙。南宗以提升人体身心和谐为核心的传承体系，确实对个人健康和精神愉悦方面有高妙而独到的技术方法。成立台州市养生文化研究会，就是希望对其中可普及可传承部分进行发掘研究和普及，给各地爱好之士提供门径，也有益于南宗的发扬光大。

台州市养生文化研究会以台州独具特色的道家养生非遗传承

浙江道教学院易筋经演练

浙江道教学院易筋经演

王嗣蒿在桐柏宫带练外国友人

为工作重点，做好会内已有的多个非遗项目的传承和研究、发扬工作（包括南宗洞经音乐，天台山道家易筋经，道家功夫正骨，蒋宗瀚食疗等）。研究会的核心目标和使命是将南宗养生文化作为整体列入世界文化遗产名录。

【贰】主要传播场所

天台紫凝山金鑫洞，相传为《易筋经》作者宗衡道人的悟道之地。2018 年，天台县平桥镇在紫凝山启动建设易筋经风情小镇。

天台山桐柏宫，2015 年建成紫凝易筋经训练中心，作为固定的易筋经练习场地，天台山桐柏宫被列为台州市第四批非物质文化遗产传承基地。

天台山明丰文化产业有限公司的天台山易筋经训练场地 600 平方米（2014 年落成）。

天台紫凝易筋经研究中心在和合街开辟修炼场所 500 平方米（2017 年落成）。

五、附录:
天台山易筋经的经典历史文献

【壹】十二经筋

易筋经通过精妙的肢体运动,带动经络直达内脏,改善气血水平,使身体状态得到极大的改善。对初学者而言,身体比较直观的感觉会是十二经筋部分。

十二经筋为经络分类名,简称经筋。出《黄帝内经·灵枢·经筋》。指全身筋肉组织附属于十二经脉而分成十二个部分,也是十二经脉在躯体和四肢部与筋肉组织的相互联系。以其分布部位及病候多在"筋肉",故称"经筋"。经筋具有约束骨骼、屈伸关节、维持人体正常运动功能的作用,正如《素问·痿论》所说:"宗筋主束骨而利机关也。"

明张介宾提出:"十二经脉之外而复有经筋者,何也?盖经脉营行表里,故出入脏腑,以次相传;经筋联缀百骸,故维络周身,各有定位。虽经筋所盛之处,则唯四肢溪谷之间为最,以筋会于节也。筋属木,其华在爪,故十二经筋皆起于四肢指爪之间,而后盛于辅骨，结于肘腕，系于关节，联于肌肉，上于颈项，终于头面，此人身经筋之大略也。"

功能：络缀形体，著藏经络、通行气血，沟通上下、内外，应天序，护脏腑，连属关节，主司运动。维护生命体正常生理功能活动。

经筋是庞大的软组织结构平衡体，是人体最大的器官。经筋内包含经络、神经、血管、淋巴等系统。经筋系统内部是一个大循环，是由微循环系统所组合成的大系统。与骨骼、器官等形成人体整体系统结构。其功能运作良好，身体就能保持健康。

经筋病理基础

经筋受创或慢性劳损后，经筋性组织挛缩、扭转、牵拉，或失去平衡时，经筋内部会产生挤压、挛缩、积聚、粘连等病理性改变，迫使经筋环系统产生阻碍，以致筋路受阻、气血凝滞、营养不良、神经传导不畅及紊乱，形成恶性循环，出现临床各类经筋性病症。

古人云："有诸内，必行于外。""病藏于内，证形于外。"薛己《正体类要》序："肢体损于外，则气血伤于内；营卫有所不贯，脏腑由之不和。"说明形体内外之间，在生理上相互联系，相互协调；在病理上相互转变，相互影响，经筋性病症会影响内脏功能活动，内脏病变也会反映到经筋之上。这就是经筋性内脏病产生

的重要机制。

十二经筋的分布与十二经脉循行大致相同。起于四肢末端爪甲，结于关节和骨骼，走向躯干，上起于颈项，终止于头面。每遇骨节部位则结于此，遇胸腹壁则散而成片，但与脏腑无属络关系。十二经筋行于体表，不入内脏，有刚筋、柔筋之分。

阳之筋分布在肢体外侧，阴之筋分布在肢体内侧，但都从四肢末端起始走向躯干，结聚于关节和骨骼附近，阳之筋上走头面，阴之筋进入腹腔，但都不入内脏。其中，手三阳（手阳明大肠经、手太阳小肠经、手少阳三焦经）经筋都结于额角（角），足三阳（足阳明胃经、足太阳膀胱经、足少阳胆经）经筋都经缺盆上结于颧骨部（顺）和目周围，手三阴（手太阴肺经、手少阴心经、手厥阴心包经）经筋并入胸中再结于胸膈部（贲），足三阴（足太阴脾经、足少阴肾经、足厥阴肝经）经筋都结于阴器。

手、足三阴阳经筋相结合处

手三阴经筋由里侧循行至胸部相互结合；手三阳经筋由表侧循行至头角部相互结合；足三阴经筋由内侧循行至少腹部相互结合；足三阳经筋由外侧循行至面部相互结合。

1. 手太阳经筋

手太阳经筋起于手小指上，结于腕背的腕骨部，上行前臂内侧，结于肘内锐骨（肱骨内上髁）后，以手指弹该处（尺神经所

在)，有酸麻感传至小指上。再上行结于腋下，其分支向后行于腋后侧，上绕肩胛，沿颈旁出走足太阳经筋之前，结于耳后乳突。由此分出一支进入耳中，直行的从耳后向上至耳上部，再下行结于下颌处，又上行连属目外眦。另一分支从颈部分出，向上经过下颌关节，沿耳廓前向上连属目外眦，上行于前额，结于额角。

2. 手太阴经筋

手太阴经筋起于手大指之端，沿指上行，结于鱼际之后，行寸口脉外侧，沿臂上行结于肘中，向上经上臂内侧，入腋下，出缺盆 (锁骨上窝)，结于肩髃前，其上方结于缺盆，自腋下行的结于胸里，散布于膈，与手厥阴经之筋合于膈下，抵于季胁。

3. 手少阳经筋

手少阳经筋起于无名指的尺侧端，结于腕背，沿前臂外侧上行结于肘尖，向上绕行上臂外侧，经肩部走至颈，与手太阳经筋结合。其分支从颈部分出，在曲颊处深入，联系于舌根；另一分支上走下颌沿耳前，连属目外眦，上达颞部，结于额角。

4. 手少阴经筋

手少阴经筋起于手小指内侧，上行结于掌后小指侧豌豆骨，再上行结于肘的内侧，上入腋内，与手太阴经筋交会，伏行于乳里，结于胸中，沿膈下行系于脐部。

5. 手阳明经筋

手阳明经筋起于食指的桡侧端，结于腕背桡侧，沿前臂上行结于肘的外侧，上行臑部（上臂外侧）结于肩髃（肩峰端）；分支绕过肩胛，挟脊柱两侧；直行的经筋，从肩髃上行至颈；再分支走向面颊，结于鼻旁颧部；其直行一支向上出于手太阳经筋前方，上至左额角，络于头部而下行至右侧下颌。

6. 手厥阴经筋

手厥阴经筋起始于中指，与手太阴经筋并行，结于肘内侧，上经上臂的内侧，结于腋下，从腋下前后挟持两胁。分支进入胸腔，散布胸中，结于膈部。

7. 足太阳经筋

足太阳经筋起于足小趾爪甲，向上结于外踝，再斜向上结聚于膝部，在足背外侧循行的一支结于足跟，上沿跟腱结于腘部；从外踝分出的一支，结于腨外（腓肠肌部），上行至腘窝内侧缘，与腘部的一支并行上结于臀部；向上经躯干挟于脊柱两侧到项部；由此分出一支别入于内，结于舌根；直行的一支从项上结于枕骨，经头顶行到颜面，结于鼻；再由鼻部分出维络于上眼睑，形成目上纲，然后向下结于鼻旁；背部的分支，从腋后外侧结于肩髃部；另一支从腋后进入腋下，向上绕行出于缺盆，上结于耳后颞骨乳突；还有一支从缺盆分出，斜向上结于颧骨部，与从头顶下行至颞部的分支相会合。

8. 足太阴经筋

足太阴经筋起于足大趾内侧端，上行结于内踝，直行向上结于膝内辅骨（股骨内侧髁与胫骨内侧髁构成的骨突），沿股内侧上行结于髀部，会聚于阴器；再上行至腹部，结聚于脐，沿腹内上行结于肋骨，散布到胸中，其行于内的经筋则附于脊旁。

9. 足少阳经筋

足少阳经筋起于第四足趾端，上结于外踝，沿胫骨外侧面，向上结于膝外侧；其分支自外辅骨（腓骨），上走髀外侧，再分两支，前支结于伏兔（股四头肌），后支向上结于尻部（骶骨部）；直行者经季胁下空软处与胁肋部，上走至腋前方，横穿膺乳（侧胸部），结聚于缺盆；直行的上出于腋前，穿过缺盆，出行于足太阳经筋之前，绕行耳后，上抵额角，交于顶上，再从头顶侧面向下走向下颌，又还向上结聚于颧部，分支结于目外眦成"外维"。

10. 足少阴经筋

足少阴经筋起于足小趾之下，入足心，与足太阴经筋并，斜走内踝下方，结于足跟，与足太阳经筋会合，向上结于胫骨内侧髁下，再同足太阴经筋并行向上，沿股内侧结于阴器，沿脊旁肌肉挟脊柱，上行到项部，结于枕骨，与足太阳的经筋相会合。

11. 足阳明经筋

足阳明经筋起于足次趾、中趾及无名趾，结于足背，斜向外行至腓骨，上结于膝外侧，直上结于髀枢（髋关节部），再上沿胁部联属于脊；其直行的一支，从足背向上沿胫骨，结于膝部；由此分出的经筋结于外辅骨部，与足少阳经筋合并；直行的沿伏兔（股四头肌）上行，结于髀部而聚会阴器。再向上布于腹部，上行结聚于缺盆，再上颈，挟口，合于鼻旁颧部（頄）。继而下结于鼻，复从鼻旁合于足太阳经筋。太阳经筋维络上眼睑（目上纲），阳明经筋维络下眼睑（目下纲）。另一支从颊部分出，通过颊部，结聚于耳前。

12. 足厥阴经筋

足厥阴经筋起于足大趾的上边，上行结聚于内踝前方，再向上沿胫骨内侧面，结于胫骨内髁之下，又沿股内侧上行结于阴器，与到达此处的诸筋相联络。

【贰】合校易筋经义

易筋经义[1]

[1] 此本据西谛本和述古堂本合校而成，篇幅有限，不附列校勘语。后附其他版本多出之文字，供读者参考。

易筋经义序

［唐］李靖药师

后魏孝明帝太和年间，达摩大师自梁适魏，面壁于少林寺。一日，谓其徒众曰："盍各言所知，将以占乃诣？"众因各陈其进修。师曰：某得吾皮，某得吾肉，某得吾骨，惟于慧可曰：尔得吾髓云云。后人谩解之，以为入道之浅深耳，盖不知其实有所指，非谩语也。

迨九年功毕，示化，葬熊耳山，却乃遗只履而去。去后，面壁处碑砌坏于风雨，少林寺僧修葺之，得一铁函，无封锁，有际会，百计不能开。一僧悟曰："此必胶之固也，宜以火启之。"乃熔蜡满注而四著，得所藏经二帙：一曰"洗髓经"，一曰"易筋经"。《洗髓经》者，谓人之生欲感于爱欲，一落有形，悉皆滓秽。欲修佛谛，动障真如，五脏六腑、四肢百骸，必先一一洗涤净尽，纯见清虚，方可进修，入佛智地。不由此径，进修无益，无有是处。读至此，然后知向者所谓"得髓者"，非譬喻也。《易筋经》者，谓髓骨之外，皮肉之中，莫非筋连络，周身通行血气。凡属后天，皆其提挈，借假修真，非所襄赞，立见颓靡。视作泛常，曷臻至极？舍是不为，进修不力，无有是处。读至此，然后知所谓皮、肉、骨者，非譬喻，亦非谩语也。昔者一客问东方朔曰：先生有养生诀乎？答曰：无他术，吾能三千年一洗髓，三千年一伐毛，吾已三洗髓三伐毛矣。客以为滑稽之语也，孰知果有是事哉？吾意达摩大师必得东方朔之诀者。《洗髓经》帙归于慧可，附之衣钵，共作秘传，后世罕见；惟《易筋经》留镇少林，以永师德。

第其经字，皆天竺文，少林诸僧不能遍译，间亦译得十之二三。复无至人口传密秘，遂各逞己意，演而习之，竟趋旁径，落于技艺，遂失作佛真正法门。至今，少林僧众仅以角艺擅场，是得此经之一斑也。众中一僧，具超绝识，念惟达摩大师既留圣经，宁惟小技？今不能译，当有译者。乃怀经远访，遍历川岳。一日，抵蜀，登峨嵋山，得晤西竺圣僧般剌密帝，言及此经，并陈来意。圣僧曰："佛祖心传，基先于此。然而经文不可译，佛语渊奥也；经文可译，通凡达圣也。"乃一一指陈，详译其义。且止僧于山，提挈进修。百日而凝固，再百日而充周，再百日而畅达，得所谓金刚坚固地。驯此入佛智慧地，洵为有基助矣。僧志坚精，不落世务，乃随圣僧化行海岳，不知所之。

徐鸿客遇之海外，得其秘谛。既授于虬髯客，虬髯客复授于予。尝试之，辄奇验，始信语真不虚。惜乎未得《洗髓》之秘，不能游观佛境。又惜立志不坚，不能如僧不落世务，乃仅借六花小技，以勋伐终，中怀愧歉也。

然而，此经妙义世所未闻，谨叙其由，俾知颠末。企望学

者务期作佛，切勿效区区作人间事业也。若各能作佛，乃不负达摩大师留经至意。若曰勇足以名世，则古之以力闻者多矣，奚足录哉？

贞观二载春三月三日

易筋经内外神勇序

[宋] 鄂镇大元帅少保岳麾下宏毅将军汤阴牛皋鹤九

余武人也，目不识一字，好弄长枪大剑，盘马弯弓以为乐。值中原沦丧，二帝北狩，泥马渡河，江南多事。予因应我少保岳元帅之募，署为裨将，屡上战功，遂为大将。

忆昔年奉少保将令出征，后旋师还鄂。归途，忽见一游僧，状貌奇古，类阿罗汉相，手持一函入营，嘱予致少保。叩其故，僧曰："将军知少保有神力乎？"余曰："不知也，但见吾少保能挽百石强弓耳。"僧曰："少保神力天赋之欤？"余曰："然。"僧曰："非也，余授之耳。少保尝从学于余。神力成功，余嘱其相随入道，不之信，去而做人间勋业事。名虽成，志难竟，天也，运也，命也，奈若何？今将及矣！亟致此函，或能返省获免。"余闻言，不胜悚异。叩姓氏，不答；叩所之，曰："西访达师。"余惧其神威，不敢挽留，竟飘然去。

少保得函，读未竟，泣数行下，曰："吾师神僧也，不吾待，吾其休矣。"因从襟带中出一册付予，嘱曰："好掌此册，择人而授，勿使进道法门斩焉中绝，负神僧也。"不数月，果为奸相所构。余心伤于少保，冤愤莫伸，视功勋如尘土，固无复人间之想矣。念少保之嘱，不忍负恨。武人无具眼，不知斯世谁具作佛之志，堪传此册者。择人既难，妄传无益。今将此

册藏于嵩山石壁之中，听有道缘者自得之，以衍进道之法门，
庶免妄传之咎，可酬对少保于上天矣！

绍兴十二年月日书

易筋经义卷上

西竺般剌密谛译

易筋总论

般剌密帝译曰：世尊大意，谓学佛乘者初基有二：一曰清虚，一曰勇往。清虚，无障；勇往，无懈。不先辨此，进道无基。清虚为何？洗髓是也；勇往为何？易筋是也。易者，变也；筋者，劲也。原夫人身髓骨以外，皮肉以内，四肢百骸，无处非筋，无用非筋，无劲非筋，联络周身，通行气血，助翼精神，提挈动用。试观筋弛则痪，筋挛则痿，筋靡则瘘，筋弱则懈，筋绝则亡。再观筋壮者强，筋舒者长，筋劲者刚，筋和者康。以上因内赋于天，外感于物，或盛或衰，匪由躬修，自成诸状。

今以人功变弱为强，变挛为长，变柔为刚，变衰为康，易之力也，身之利也，圣之基也。我命在我，此其一端。然而，功有渐次，法有内外，气有运用，行有起止。以至药物器制，节候岁年，及夫饮食起居，征验始终。务宜先辨信心，次立肯心，奋勇往心，坚精进心，如法行持，进退不懈，无不立跻圣境也。

膜论

髓骨之外，皮肉之内，以至五脏六腑，无处非筋，亦无处非膜。膜较于筋，膜为稍软；膜较于肉，膜为稍劲。筋则分缕，

半附骨肉；膜则周遍，附着骨肉，与筋有分，其状若此。

炼筋则易，炼膜则难。盖修炼之功，以气为主。天地生物，气之所至，百物生长。修炼气至，筋膜齐坚。

然而，筋体虚灵，气至则起；膜体沉浊，气不倍充，不能起发。炼至筋起之后，必宜倍加功力，务候周身膜皆腾起，与筋齐坚。外著于皮，并坚其肉，始为气充，始为了当。否则，筋无助，譬犹植物无培无土，匪日全功。

内壮论

内与外对，壮与衰对。壮与衰较，壮可歆也；内与外较，外可略也。盖内壮言道，外壮言勇。道植圣基，勇仅俗务，隔霄壤矣。

凡炼内壮，其则有三。

一曰守中。此道炼法，专于积气，其下手之要，妙于用揉。凡揉之时，解襟仰卧，手掌着处，其掌下胸腹之间，即名曰"中"。惟此中，乃存气之地，应须守之。须含其眼光，凝其耳韵，匀其鼻息，缄其舌气，四肢不动，一意冥心，存想中处。先存后忘，渐渐至于如如不动，是名曰"守"，是云合式。盖揉在于是，守在于是，则一中精气与神俱往于是。久久积之，自成无量无边功德。设有杂念纷纭，驰情世务，神气随之而不凝注，虚所揉矣，无有是处。

一曰万勿及他。人身之中，精神气血不能自主，悉从于意，意行则行，意止则止。守中之时，一意掌下，是为合式。设或驰念一掌之外，又或驰意于各肢体，其所积精神，随即走散至于肢体，即成外壮，而非内壮矣。揉而不积，虚所揉矣，无有是处。

一曰待其充周。凡揉与守，所以积气。气既积矣，故精神、血脉悉附之。守而不驰，揉而且久，气惟中蕴，而不旁溢，真积日久，自然充满周遍，即孟子所云"至大至刚，塞乎天地之间"者，是为浩然之气也。设未充周，驰意于外，走散于四肢，则外勇亦不全，内壮亦不坚矣。

揉法

谚语有云："筋骨磨厉，而后能壮。"唯此揉法，磨厉之义也。其则有三。

一曰春月起功。盖此炼法大约三段，每段百日。初行功时，必解襟；次段功，必须现身，宜取二月中旬；下功为始，向后渐暖，乃为通变。

一曰揉有定式。人之一身，右气左血。凡揉之法，宜向右边推向于左，是谓推气入于血，分令其通融。又取胃居右，揉令胃宽，能多纳气，而又取揉者右掌有力，便用不劳。

一曰揉宜轻浅。凡揉之法，虽曰人功，宜法天义。天地生

物，渐次不骤，气至自生，候至物成。揉者法之。但取推荡，徐徐往来，勿重勿轻，久久自得，是为合式。设令太重，必伤皮肤，恐生瘢痏；太深，则伤于肌肉，筋膜必生肿热，两无是出。

日精月华

太阳之精，太阴之华，一气交融，是生万物。古人知之而善咽之，久皆仙去。其法秘密，世人莫知也。况无坚志，且无虚心，是为虚负居诸也。行内炼者，自初功始，至于成功以至终身，无论闲忙，勿论时候，而凡采咽精华之功，不可间断。盖取阴阳精英，益我神智，愚昧渐消，清灵日长，万病不生，良有大益！

采咽之法，日取于朔，谓与月初交，其气新也；月取于望，谓金水满盈，其气旺也。设朔望日值有阴雨，或值不暇，则初二三、十六七，过此六日，虚而不取也。取于日朔，宜初出时登高默对，调匀鼻息，细吸光华，令满口，闭息凝神，细细咽下，以意送之，至于中宫，是为一咽。如此七咽，静守片时，然后起行，任从酬应。望取月华，亦准前法，于戌亥时采吞七咽，此乃天地自然之利。惟有恒者，能享用之；亦惟有信心，乃能取之。

服药法

炼壮法外资于揉，内资于药。行功之始，先服一丸，约药入胃将化之时，即行功。夫揉与药力两相迎凑，乃为得法；过与不及，皆无益也。每功三日，服药一次，照此为常。

内壮丸药方

野蒺藜（炒去刺）、白茯苓（去皮）、白芍药（火煨）、朱砂（水飞）、甘草（蜜炙）、熟地黄（酒制）以上各十分；人参（去芦）、白术（土炒）、全当归（酒洗）、川芎（大者），以上各二分。皆作细末，炼蜜为丸，约重一钱。每服一丸，或汤或酒，皆可导送。一云多品合丸，其力不专。另立三方，只取一品，任用可也。

一方：野蒺藜，炒去刺，炼蜜作丸，每丸一钱，每二钱服之。

一方：白茯苓，去皮作末。蜜丸或蜜水调服，或作块浸蜜中，久浸愈佳，约服一钱。

一方：朱砂，水飞过，每服三分，蜜水调下。

烫洗药水方

行功之时，频宜烫洗。盖取碱能软坚，功力易入；凉能散火，不致聚热。或一日一洗，或二日一洗，以此为常，功成乃已。

法用地骨皮、食盐各量，用煎水乘热汤洗，则气血融和，肌肤舒畅。

初月行功法

初揉之时，要选童子数人，更番揉之。一取力小，揉推不重，一取少年血气壮盛。未揉之先，服药一丸，约将化时，即揉起。揉与药力一齐运行，乃得其妙。揉时，解衣仰卧，心下脐上，适当其中。按一掌自右向左，推而揉之，徐徐往来，匀匀勿乱，掌勿离皮，亦勿游动，是为合式。

当揉之时，冥心内观，守中存想，勿忘勿助，意不他驰，即精、气、神悉皆附注一掌之下，是为真正火候。若守中纯熟，揉推匀静，正揉之际，竟能睡熟，是为得法，胜于醒守。如此行持，约略一时，时不能定，则以大香二炷为则。早、午与晚共行三次，日以为常。如年少火盛，只宜早、晚共行二次，恐其太骤，或致他虞。行功既毕，静睡片时，清醒而起，不妨应酬。

二月行功法

初功一月，气已凝聚，胃觉宽大，其腹两旁，筋皆腾起，各宽寸余，用气努之，硬如木片，是其验也。两肋之间，自心至脐，软而有陷，此则是膜较深于筋，掌揉不能腾也。至于此时，于前所揉一掌之旁，各开一掌，仍如前法，徐徐揉之。其中软处，用木杵深深捣之。久则膜起，浮至于皮，与筋齐坚，全无软陷，始为全功。此揉捣，亦准二香，日行三次，以为常则。

三月行功法

功满两月，其间陷处至此略起，乃用木槌轻轻打之。两旁所揉各一掌处，却用木杵如法捣之。又于其两旁至两肋梢，各开一掌，如法揉之。准以二香，日行三次。

四月行功法

功满三月，其中三掌，皆用槌打；其外二掌，先捣后打。日行三次，功逾百日，则气满筋坚，膜亦腾起，是为有验。

行功轻重法

初行功时，以轻为主，必宜童子，其力平也。一月之后，其气渐坚，须有力者渐渐加重，乃为合宜。切勿太重，或致动火；切勿游移，或致伤皮。慎之！

用功浅深法

初功用揉，取其浅也。次渐加力，是因气坚而增，仍其浅也。次功用捣，取其深也。以次三用打，打外属浅，振内属深。内外皆坚，方为有得。

两肋分内外功夫

功逾百日，气已盈满天地之间，充塞周遍。譬之涧水拍岸，浮堤稍加决导，则奔放他之，无处不到，不复在涧矣。当此之时，切勿用意引入四肢；所揉之处，切勿轻用槌、杵捣打。略

有引导，则入四肢，即成外勇，不复归来行于骨里，不成内壮矣。

入内之法，乃用石袋，自从心口至于肋梢、骨肉之间密密捣之，兼用揉法，并用打法。如是久久，则其所积充满之处循循入骨。入骨有路，则不外溢，始成内壮矣。内、外两歧于此分界，极宜审辨。不令中间稍有夹杂。若轻用引弓弩拳敲打等势，则开其路，导令旁溢，纵加多功，亦不入内，慎之！慎之！

易筋经义卷下

西竺般刺密谛译

木杵、木槌式

木杵、木槌皆以坚木为主，其最降真，其次文楠、紫檀、花梨、铁栎、白檀，皆堪制用。杵长六寸，中径寸半，顶圆而尾尖，即为合式。槌长一尺，围圆四寸，把细顶粗，其粗之中处略高少许。取其高处着肉，而两头尚有闲空，是为合式。

石袋式

木杵、木槌用在肉处，骨缝之间悉宜石袋。石取圆净，全无棱角，大如葡萄，小如榴子，生于水中者，方堪入选。山中者燥，能生火；土中者郁，气不宣畅；棱角尖硬，恐伤筋骨，皆不取也。袋用细布，缝作圆筒，如木杵形。圆其头，长约八寸，其次六寸，再其次三五寸。石用半斤，其大一斤，其最二十两，分置袋中，以指挑之，挨次扑打。久久行之，骨缝之膜，皆坚壮也。

五六七八月行功法

功逾百日，心下两旁胁肋梢，已用石袋打而且揉。此处乃皮骨之交，内壮、外壮于此分界。既于此时不向外引，则其积气向骨中行矣。气循打处，逐路而行，则自心口打至于颈，又自肋梢打至于肩，周而复始，不可倒行。日行三次，共准六香，

勿得间断。如此百日，则气满前怀，任脉充盈矣。

九十——十二月行功法

功至于二百日，前怀气满，任脉充盈，则宜连入脊后，以充督脉。从前之气，已上肩头，今则自肩至颈，照前打法，兼用揉法。上循玉枕，中至夹脊，下至尾闾，处处打之，周而复始，不可倒行。脊旁软处，以掌揉之，或用槌、杵随便打捣。日准六香，共行三次。或上或下，或左或右，揉打周遍，用手遍搓，令其匀润，功成行满矣。

阴阳配合论

天地，一阴阳也，阴阳相交，而后能生万物；人身，一阴阳也，阴阳相交，而后能无百病。此功乃是阴阳互用之妙。气血交融，自然无病，无病则壮，其理分明。

然而行功亦借阴阳交互之义，是亦外助，盗天地万物之元机也。凡行此功，始自却病。凡人之身，其阳衰者，则多患瘘弱虚惫等症，宜用童女或少妇依法揉之。盖以女子外阴而内阳，借取其阳，以助其衰，是为至理。若阳盛阴衰者，多患火症，宜用童男子或少男揉之，盖童子外阳而内阴，借其阴以制其阳盛，亦是玄机。至于无病人行此功者，则从其便。若用童男、少女相间行功，令其阴阳和畅，更属妙事也。

下部行功法[1]

积气三百余日，前后任、督二脉悉皆充满，乃行下部功夫，令其通贯。盖任、督二脉在母胎时，原自相通；出胎以后，饮食出入，隔其前后通行之道。督脉自上龈循顶行脊，下至尾闾；任脉自承浆循胸，下至会阴，两不相贯。今行下部工夫，则气至，可以相接而交旋矣。

行此功夫，其法在两处，其目有十一段。两处者，一在睾丸，一在玉茎。在睾丸者，曰攒、曰挣，曰搓、曰拍；在玉茎者，曰咽、曰牵、曰抚、曰握、曰洗、曰束、曰养。以上十一字，除咽、洗、束、养之外，余七字用手行功，皆自轻至重，自松至紧，自勉至安，周而复始，不计遍数，日以六香，分行三次，百日成功。则其气充满，超越万物矣。

凡攒、挣、搓、拍、牵、抚六字，皆用手行之，渐次轻重。若咽字者，则初行之时，先吸清气一口，以意咽下，默送至胸；再吸气一口，送至脐间；又咽一口，送至下部行功处，然后行攒、挣等功。握字功，皆用努气至顶，乃为得力，日以为常。洗者，用药水逐日烫洗二次也，一取通和气血；一取苍老皮肤。束者，功毕、洗毕，用软帛作绳束其茎根，松紧适宜，取其常伸不屈之义。养者，功成物壮，鏖战胜人，是其本分，

[1] 南宗历倡清净丹法，从"下部行功法"之"用战"节，原书所有，仅供参考。

犹恐其嫩，或致他虞，先用旧鼎时或养之。养之者，谓安闲温养，切勿驰骤，毋令惯战，然后能无失也。此功行满百日，久久益佳。弱者强，柔者刚，缩者长，病者康，居然烈丈夫矣。虽木石、铁槌，吾何惴哉？以之鏖战，世间应更无劲将也。以之采取，即得玄珠；以之延嗣，则百斯男。吾不知天地间，更有何乐孰大于是？

行功禁忌

自上部初功至此，三百余日，勿多近内。盖此功以积气为主，而精神随之。初功百日，全宜禁之；百日功毕，乃可近内一次，以疏通其留滞，多或两次，切不可三也。向后，皆同此意。至行下部功时，五十日疏放一次，以远其旧，令生其新。以后慎加保重，作壮之本，慎勿浪用，秘之！秘之！此后功成气坚，收放在吾，顺施则人，逆施则仙，固非凡宝所可论价值也。

下部洗药方

行下部功，常宜药水日日烫洗，不可间断。盖取药力通和气血，苍老皮肤．又且解热退火，不致他虞也。

法用：地骨皮、蛇床子各量，煎汤，先温后热，缓缓烫之，日洗二三次。

用战

精气与神，炼至坚固，本期用作根基，希仙作佛，能勇往精进也。设人缘未了，用之临敌，当对垒时，其切要处在于意有所寄，气不外驰，则精自不狂，守而不走。设欲延嗣，则按时审候，应机而射，一发中的，无不孕者。设欲鏖战，则闭气存神，按队行兵，自能无敌。若于下炼之时，加吞剑、吹吸等相间行熟，则为泥水采补最上神锋也。

内壮神勇

壮有内外，前虽言分两段，尚未究竟，此再明之，自行胁肋打揉之功，气入骨分至，令任督二脉一气充满，前后交接矣。尚未见力，何以言勇？盖以气未到手也。

法用石袋照前打之。先从右肩以次打下，至于右手中指之背，又从肩前打至大指、食指之背，又从肩后打至无名指之背，又从肩里打至掌内大指、食指之梢，又从肩外打至掌内大指、小指之梢。打毕，用手处处搓揉，令其匀和。日限六香，分行三次，时常烫洗，以疏气血。功满百日，其气始透。乃行于左手，仍准前法，功亦百日。至此，则骨中生出神力。久久加功，其臂腕、指掌迥异寻常，以意努之，硬如铁石。并其指，可贯牛腹；侧其掌，可断牛领；努其拳，可碎虎脑，皆小用之技也。

炼手余功

炼手用功之后，常以药水频频烫洗。初温次热，最后大热，自掌及腕，皆令周遍。烫毕，勿拭，即乘热摆撒其掌，以至自干。摆撒之际，以意努气，至于大指稍，是其生力之法。

又以黑、绿二豆拌置斗中，以手插豆，不计遍数。一取烫洗和其气血，一取二豆能解火毒，一取磨厉坚其皮肤。如此功久，则从前所积之气，行至于手而力充矣。其皮肉、筋膜与骨相着而不软弱。不用之时，与常人无异；用时，注意一努，则坚如铁石，以之击挞，物莫能当。

盖此力自骨中生出，与世俗所云外壮，迥不相同。内外之分，看筋可辨。内壮者，其筋条畅，其皮细腻，而力极重；若外壮者，其皮粗老，其掌与腕，处处之筋悉皆蟠结，状如蚯蚓浮于皮外，而其力多。此内外之辨，灼然可见者也。

外壮神勇八段锦

内壮既熟，骨力坚凝，然后方可引达于外。盖以其根在内，由中达外，有本之学也。

炼外之功，概以八法：曰提，曰举，曰推，曰拉，曰揪，曰按，曰抓，曰坠。依此八法，努气行之，各行一遍，周而复始，不计遍数。亦准六香，日行三次，久久功成，则力充于周身矣。用时，照法取力，无不响应，骇人听闻。古所谓手托城闸、力扛鼎、手格猛虎、曳舟于陆、挟辀而超、植瓴于风、窃舟于壑，俱非异矣。其八法，皆逐字单行，以次相及，更为专精，任从其便。

神勇余功

内外两全，方称神勇。其功毕矣，以后常宜演炼，勿轻放逸。一择园林诸树之中大且茂者，是得木土旺相之气，与众殊也。有暇之时，即至树所，任意行功，或捶或拓，或推拉踢拔，诸般技艺，任意为之。盖取得其生气，又取势以生力，又取以暇成功也。一择山野挺立大石，秀润完好殊于众者，特就其旁，亦用推按种种字法时常演之，盖木与石实得天地之金木之精英，我能取之，良为有用。稽古大舜，与木石居，匪谤语也。

后跋

紫凝道人曰：余读《易筋经义》，因悟世之缁黄两家，学者多如牛毛，成者稀如麟角，非道之难得，实因缺此一段工夫，内无基本耳。既无承受之地，又无勇往之力，或作或辍，或中道而返，或既得而失，或优柔不断，皆职此故也。如禅定则有入魔之虞，宗门则有迷而不悟之虞，金丹则有得而复失之虞，清净则有几成而败之虞，泥水则有进鼎之虞，导引则有倦废之虞，服食则有燥渴之虞，是皆无此工夫，非受道器也。引而申之，即耕与读若有此功，富贵圣贤基之可得；治兵治民若

有此功，上考殊勋基之必得。微至负贩经营能行此功，亦能任重致远；下至乞夫牧竖能行此功，亦不迫于饥寒。而况病者得之，即安；怯者得之，则强；外侮闻之，慑；乏嗣行之，延；老者得之，康；壮而寿少者得之，纯粹而精。是举天地间，人人宜用之功也。由是知达摩师所云"基此作佛"之语，岂不信然哉！

然此法不炼不成，一炼即成，小炼小成，大炼大成，久炼久成，尤无退败。有益无咎，有利无弊。是《易筋经》一书，诚天地间之至宝，吾不知人世间复有何利益，足以至此，复有何妙义，足以加此也？是在知之而好之，而乐之，以求至乎其极，斯不负所知，斯不负古人留辞援引之意耳。或问行功之要，曰：智、仁、勇。不达，又问，曰：信、专、恒，如是而已！

以下据其他版本补充：

海岱游人序

予少时惟耽诗书，暮年好与方外人交暇，则游吟于海岱之间。一日至太白山，偕友人挈榼携壶于海滨，藉草而饮，远眺霜林老叶红映水光，正在诗兴勃然，忽一西羌人自西而东经此憩息。予见其修雅可亲，乃止而饮。问所之，曰：胶崂访师。又问何长，曰：神勇。在座俱茫然，请问神勇之故，曰：吾并指可贯牛腹，侧掌可断牛头，努拳可碎虎脑，不信请试于腹。乃以木石铁锤，令壮仆击之，若罔知也。又以绳系其睾丸，缀以车之轮，压以巨石，曳轮而走若驰。又系其两足跟，令三四壮者曳之，屹立不移。众愕然曰：有是哉，天赋之欤亦人力欤？曰：人也，非天也。

叩其用？曰：却病一，永不生虚疾二，终身壮健三，饥寒不迫四，多男灵秀五，房战百胜六，泥水探珠七，御侮不惴八，功成不退九，此皆小用者也。基之成佛了道，乃其至耳。二问其所得？曰：吾师僧，僧师神，递有传授。乃出书一册，众阅之乃知神勇之由。筋可易而积力，生于积气也。酒已，羌人欲去，挽之不得。曰：观尔言，志异于众，愿以此书赠。吾访神师，频游佛地，不暇留此也。予再四思，惟读圣贤书五于

余年，学圣贤不能至，落得一迂腐老儒。凡事斤斤论理之有无，不知理之外别有天地，非迂儒辈所能探索者。此书为药师序，药师岂妄语哉？盖思上古称有勇力者，殷王、嬴荡、舟乔、乌获、孟贲、夏育、北宫黝、伍子胥、项籍、朱亥、东海壮士皆以力闻于世，惟孔子有神勇不以力闻。凡此岂皆天赋，亦出于人为，应亦载之经籍，或经秦火而失耳。经云基之作佛，此则西竺古先生之超越处，非中原人所可觑观焉者。噫！吾安能起卫公武穆与之，共访神僧于世外也哉？惜吾老矣不能用，且珍藏笥中，俟有佛骨者呈之，以为一助云尔。

大元中统元年庚申秋九月，海岱游人题

傅金铨序言

顺施则凡，逆施则道，亘古及今，万仙万佛不能外此而别有造化。顺逆者，阴阳也。阴阳交而万物生，阴阳隔而天地否。《易》曰：一阴一阳之谓道。此理之在天下。荐绅先生或有能一言之者，慨自释迦把断，要津金钵盂遂沉海底，释部谈空，真机罕露，彼人只知权顿渐三法，不知精气神三宝。人皆知三教一原，又孰知三教一法乎。祖祖相传，同是这个，惟此圣神功用，运之于内则成道，运之于外则成力，运之以求嗣则中的，运之于御女则无敌。祖师慈悲，但愿举世尽成仙佛，读者其知所轻重矣。吾闻有道之士，神威慑人，揭地掀天，排山倒海，叱逐风雷，斡旋造化。意之所至，无不披靡，力云乎哉小矣。是书无刻本，传写甚讹，兹得黄舆山人秘本，用校鲁鱼，付梓公世。

大清道光三年岁次癸未花朝日济一道人傅金铨，题于合阳丹室

宋光祚序言

昔达摩大师著《洗髓》《易筋》两经，而传于少林者惟《易筋经》，此非徒夸神勇于绝技也。盖人之一身，重在元气，贵在精神，果能保护，岂特却病延年，宜可通凡达圣矣。余公余喜刻善，尝施药饵，沉疴赖起，四方皆啧啧称乎。日屏一切嗜好，节饮食，慎起居，神静息，攻研究其养生之方药，得是编，勃然兴欣，然喜过望，有得于《黄帝内经》之精，而直称为道术神仙之秘也。余好之，尤愿同志者共行之，非敢以是参彻乎大师之皆也。其亦为保身之一助云尔。

大清同治十三年季冬上浣六日北平宋光祚序

贾力运力势法

其法用意蓄气，周身处处初立运之。立必捉直，彻顶踵，

无懈骨。卷肱，掌指稍屈，两足齐踵，相去数寸，立定；两手从上如按物难下状，凡至地转腕，从下托物难上，过其顶；两手则又攀物难下，而至肩际转腕，掌向外，微拳之，则卷肱，立如初。乃卷两肱开向后者三，欲令气不匿膺间也。却舒右肱拦之，欲右者以左逮于左之爪，相向矣。如将及之，则左手撑而极左，右手拉而却右。左射引满，引满右肱，卷如初矣；则舒左肱拦，右手撑，左手扯且满以右法。左右互者各三之，则卷两肱，立如初。左手下附左外踝，踝掌竞劲相切也，则以右手推物，使左倾。倾矣，顾曳之，使右倚左肩际。如是者三之，则右手以下，以左法左推曳之。以右法者三之，则卷两肱，立如初，平股掇重者，举势极则拔，盖至两乳旁而攀矣。据固腹侧，左右间不附腹也。高下视脐之轮，则劈右拳，据右肩旁。一强物至左足外踵，转腕托上，托尽而肱且右直则扳而下至右肩际，拳之右拳，据右腰眼。左右互者各三之，徐张后两拳而前交，又指上举，势极则转腕。举者，掌下十指端上也；扳者，掌上十指端下也。又，掌上拱，首项负筐，腋下皆为举扳焉。

就其势倒而左，几左，足外地，以前势起，倒而左右互者各三之。凡人倒左者，左膝微诎也。倒右者，右膝微诎也。不诎者，法也。乃取盐汤壮温者，濯右手背，指濡之，平直右肱横挥之而燥，则濯左。左挥右燥，复左右互者各三之，挥且数十矣，自是两肱不复卷矣。乃蹬右足数十次，乃其期蹬以其踵，则抵之颈，以其趾或绊之也，则屹立敛足，举前踵顿地数十。已而，两足蹲立，相去以尺，乃挥右拳前击数十，左之，乃仰卧，复卷肱如立时然，作振脊欲起者数十，而功竣焉。

凡用势左右，必以其脊，但凡蓄气，必迄其功。凡功日二三，必微饮后及食后一时行之。行之时，则以拳遍自捶，勿使气有所不行。时揸五指头捣户壁，凡按久，而作木石声。为作屈肘前上之，屈拳前上之。卧必侧面，上手拳而杵席作卧，因其左右，其拳指握固。

搓膀腕法

行功毕，先伸左膀，用人以两手合擎虎口，用力搓之，由渐而增。如初搓，以十数把，渐加至百把为度，右亦如之。务使两膀手腕发热透骨。无道伴者，两手更换搓之亦可，请有力者教之搓亦可，须轻重如一，不可闪气。

挞炼手足

初炼量力，缝做夹布口袋一个，装米砂五六十斤，悬挂架上。用功毕，常用掌推、拳击、足踢、脚蹬，务致动摇，仍用拳脚踢打，迎送日久，渐加砂袋斤重。

炼指法

量自力之大小，拣圆净一二斤重石子一个，用五指抓拿，撒手掷下，不令落地，仍用手指赶抓。如是掷抓，初惟十数次。日久渐加次数暨石子斤数，则五指自觉有力矣。

又法：每于坐时，不拘时刻，以左右五指着座，微欠身躯，指自出力。无论群居独坐，皆可行之，日久自能见效。

后记

　　天台山易筋经原属道家功法，它根据人体经脉特征，通过吐纳贯气，肢体延伸，引筋舒脉，内外兼修，达到强身健体、祛病延年的效果。近年来，天台县十分重视易筋经的传承与保护，已建立 100 多个健身气功站点，组织起了 600 多支易筋经习练队伍，天台山桐柏宫每年举办数十次易筋经修炼班，传授易筋经，2015 年，天台县人民政府承办了"中国健身气功科学论坛暨易筋经专题研讨会"、"百城千村"健身气功交流展示大会。2016 年，天台县被中国健身气功协会授予"中国易筋经传承地"，天台山桐柏宫被列为台州市非遗传承基地。2018 年天台山桐柏宫易筋经展演队在非遗薪传——浙江传统体育展演展评活动中荣获"薪传奖"。2021 年，易筋经（天台山易筋经）正式列入第五批国家级非物质文化遗产代表性项目名录传统体育、游艺与杂技类。

　　成为国家级非遗后，根据浙江省文旅厅的统一部署，天台县文旅局即委托非遗保护单位天台山桐柏宫组织编写浙江省非物质文化遗产代表作丛书之《天台山易筋经》。

　　天台山桐柏宫联合浙江道教学院组建了本书编写团队，主要编写人员为浙江道教学院教师和天台山桐柏宫南宗弟子。牟玄博士编写易筋经概述、特点与价值等理论部分，并对传统易筋经义进行精心校对；胡嗣古编写具体功法及要义；刘德会医生撰写医理阐述和习练要点；全书由魏嗣衞进行统稿。我们在编写过程中，更深刻领会到易筋经的博大精深和丰富内涵，由于水平有限，虽经多次修改，定还存在诸多不足之处，期待各方批评指正。

在本书编著过程中，得到天台县文化和广电旅游体育局局领导的指导和关心，天台县非物质文化遗产保护中心多次就全书进程进行协调帮助，浙江省非遗专家徐金尧教授认真审稿并对全书架构体系提出宝贵意见，天台山桐柏宫南宗弟子和浙江道教学院师生参与本书的资料搜集整理等工作，书中使用的图片由天台县非物质文化遗产保护中心、天台山桐柏宫、台州市养生文化研究会、台州市易筋经协会等单位提供。对此，我们一并致以真挚的谢意。

编著者

2023 年 1 月

图书在版编目（CIP）数据

天台山易筋经 / 牟玄等编著 . -- 杭州 : 浙江古籍
出版社 , 2024.5
（浙江省非物质文化遗产代表作丛书 / 陈广胜总主
编）
ISBN 978-7-5540-2712-7

Ⅰ . ①天… Ⅱ . ①牟… Ⅲ . ①天台山—易筋经（古代
体育）Ⅳ . ① G852.6

中国国家版本馆 CIP 数据核字 (2023) 第 176110 号

天台山易筋经

牟玄　魏嗣卫　胡嗣古　刘德会　编著

出版发行	浙江古籍出版社
	（杭州市环城北路177号　电话：0571－85068292）
责任编辑	徐晓玲
文字编辑	张紫柔
责任校对	吴颖胤
责任印务	楼浩凯
设计制作	浙江新华图文制作有限公司
印　　刷	浙江新华印刷技术有限公司
开　　本	960mm×1270mm 1/32
印　　张	4.875
字　　数	90千字
版　　次	2024 年 5 月第 1 版
印　　次	2024 年 5 月第 1 次印刷
书　　号	ISBN 978-7-5540-2712-7
定　　价	68.00 元

如发现印装质量问题，影响阅读，请与本社市场营销部联系调换。